before th... ...below

RUGADH IAIN S MAC A' PHEARSAIN air prèiridh Chanada do
theaghlach a bhuineas dha Ìle, dha Muile is dhan Eilean
Sgitheanach. An dèidh dha a bhith na òraidiche aig Sabhal Mòr
Ostaig, tha e air a bhith a' teagasg agus a' rannsachadh litreachas
na Gàidhlig is na Gaeilge aig Oilthigh Ulaidh. A bharrachd air a
chuid sgrìobhaidhean a tha air am foillseachadh ann an Gàidhlig,
ann am Beurla agus ann am Fraingis (an dà chuid rosg is
bàrdachd) tha e cuideachd an sàs ann a bhith a' dèanamh
filmichean dha BBC ALBA a leithid 'Taigh Ali', am fear mu
dheireadh aige, a tha ag innse sgeulachd mu ìompaireachdan is
ioma-chultaras bhon Phunjab dha na h-Eileanan Siar.

IAIN S MACPHERSON was born on the Canadian prairies in a
family with Inner Hebridean ancestry. After lecturing at Sabhal
Mòr Ostaig he has been a lecturer in Scottish and Irish Gaelic
language and literature at Ulster University. In addition to writing
prose and poetry (in English, French and Gaelic) he is a film
maker whose latest documentary for BBC ALBA 'Taigh Ali' tells
the story of empire and multiculturalism from Punjab to the
Western Isles.

RUGADH PÀDRAIG MACAOIDH ann an Leòdhas, agus tha e a' fuireach ann an Dun Èideann, agus ag obair na òraidiche aig Oilthigh Chill Rimhinn. Tha e air *Gu Leòr / Galore, From Another Island* agus *Sorley MacLean* a sgrìobhadh, agus air *Sùil air an t-Saoghal* a dheasachadh le Niall O'Gallagher agus *Modern Irish and Scottish Poetry* a dheasachadh le Edna Longley agus Fran Brearton.

PETER MACKAY is from Lewis originally, and now lives in Edinburgh. He is a lecturer at the University of St Andrews and is the author of *Gu Leòr / Galore, From Another Island* and *Sorley MacLean*; he has also co-edited *Sùil air an t-Saoghal* with Niall O'Gallagher and *Modern Irish and Scottish Poetry* with Edna Longley and Fran Brearton.

An Leabhar Liath

The Light Blue Book

500 Years of Gaelic Love and Transgressive Verse

Edited by

PETER MACKAY and IAIN S MACPHERSON

Luath Press Limited

EDINBURGH

www.luath.co.uk

First published 2016

ISBN: 978-910745-47-2

Printed and bound by
CPI Antony Rowe, Chippenham

Typeset in 11 point Sabon
by 3btype.com

Clàr-Innse / Contents

6

Buidheachas

Air feadh na h-obrach seo, tha sinn fada an comain nan diofar sgoilearan is luchd-deasachaidh airson na rinn iad ann a bhith a' faighinn lorg air, a' deasachadh, a' foillseachadh agus a' cnuasachadh tòrr dhe na sgrìobhaidhean seo, gu seachd àraidh Iain MacAonghais, Dòmhnall Uilleam Stiùbhart, Iain Latharna Caimbeul, Ruaraidh MacThòmais, Colm Ó Baoill, Raghnall MacIlleDhuibh, Anna Latharna NicIllIosa, Anne Frater, Sharon Arbuthnot, Sarah Fhriseal, Anna Mhàrtainn, Wilson McLeod agus Meg Bateman. Tha sinn gu mòr an comain Uilleim MhicIllIosa airson an teacsa ùir dhe 'Éistibh, a lucht an tighe-se', Raghnaill MhicIlleDhuibh, Choilm Uí Bhaoill, Wilson McLeod is John Storey airson an cuid comhairle is brosnachaidh, agus Dhòmhnaill Uilleim Stiùbhairt airson obair a rinn e am broinn òraid a thug e seachad aig a' cho-labhairt 'Sex and Sexualities in the Celtic World', Oilthigh Dhùn Èideann, an t-Samhain 2013, agus gu sònraichte airson ar n-aire a tharraing air *Kryptadia*. Tha obair Dhòmhnaill Uilleim air co-theacsa eachdraidheil litreachas na Gàidhlig – mar eisimpleir, an aiste aige 'Women and Gender in the Early Modern Western Gàidhealtachd' ann an Ewan agus Meikle (deas.) *Women in Scotland* (1999) – na fosgladh sùla. Taing mhòr cuideachd

Acknowledgements

Throughout, we are indebted to various scholars and editors for their work in uncovering, editing, publishing and discussing much of this material, especially John MacInnes, Dòmhnall Uilleam Stiùbhart, John Lorne Campbell, Derick Thomson, Colm Ó Baoill, Ronald Black, Anne Lorne Gillies, Anne Frater, Sharon Arbuthnot, Sarah Fraser, Anne Martin, Wilson McLeod and Meg Bateman. In particular, we are grateful to William Gillies for providing a newly edited text of 'Éistibh, a lucht an tighe-se', to Ronald Black, Colm Ó Baoill, Wilson McLeod and John Storey for their advice and encouragement, and Dòmhnall Uilleam Stiùbhart for sharing with us the text of a lecture he delivered at the 'Sex and Sexualities in the Celtic World' conference at the University of Edinburgh in November 2013, and especially for bringing *Kryptadia* to our attention. Stiùbhart's own work on the historical contexts of Gaelic literature – for example, his essay 'Women and Gender in the Early Modern Western Gàidhealtachd' in Ewan and Meikle (eds) *Women in Scotland* (1999) is hugely enlightening. Many thanks also to the late, and much missed, Alexander Hutchison for helping with the free Scots translation of 'Tinneas na h-Urchaid'; to Dr Philip Parry for clarification of some of the imagery; and to Miriam Gamble

dha Alexander Hutchison còir nach maireann airson
cuideachadh ann a bhith a' cur 'Tinneas na h-Urchaid' gu
Beurla Ghallda; dhan Ollamh Philip Parry airson a
mhìneachaidh a thaobh cuid dhen ìomaigheachd; agus dha
Miriam Gamble airson taic le teacsaichean na Beurla. Bu
mhath leinn cuideachd taing a thoirt dha Gavin, Hilary
agus Juliette aig Luath Press, muinntir Chomhairle nan
Leabhraichean agus britheamhan Dhuais Dhòmhnaill Meek.
Mu dheireadh thall, tha sinn fada an comain gach bàird a
tha a' nochdadh anns an duanaire seo, airson an cuid
dànachd, fosgailteachd is dealasachd (gu h-àraidh iadsan a
thug dhuinn obair nach robh a-riamh an clò roimhe): agus
taing dha na bàird is dhan oighreachdan uile airson cead
fhaighinn an obair aca a chlò-bhualadh aon uair eile.

for help with some of the English texts. We are also very grateful to Gavin, Hilary and Juliette at Luath, the staff of the Gaelic Books Council, and the judges of The Donald Meek Award. Finally, we owe a huge debt to all of the poets featured in the anthology, for their daring, honesty and enthusiasm (especially those who have provided previously unpublished material) and to the poets and their estates for permission to reprint the texts.

Ro-ràdh

NUAIR A BHEIR thu sùil air na dàin a tha air an trusadh am broinn an leabhair bhig 'lèithe' a tha seo, 's e a' chiad rud a bhuaileas ort, 's dòcha, ach an t-eadar-dhealachadh cho follaiseach, cho faicsinnseach, cho 'feòlmhor' a tha ann eadar na dàin a bhuineas dhan 16mh, dhan 17mh agus dhan 18mh linn agus na dàin a bhuineas dhan 19mh, dhan 20mh agus dhan 21mh linn. Dè na h-eadar-dhealachaidhean air a bheil sinn a-mach an seo ach an dòigh, saoilidh sinne, anns a bheil mealtainn a' chuirp no *la jouissance du corps* air bhàrr na teangaidh, mar gum biodh, anns na dàin as sine a tha ann. Agus, air a chaochladh, chithear mar a thèid brat mòr na moraltachd a tharraing beag air bheag air, an dà chuid, mealtainn a' chuirp agus cur an cèill a' mhealtainn chorporra a tha seo gus nach eil air fhàgail fo oir a' bhrata seo ach bloigh bheag de shealladh stòlda, stuama de bhilean, de shliasaidean no 's dòcha (*quelle horreur*) fiù 's de chìochan air beulaibh an leughadair. Cha b' ann mar sin a bha cùisean, ge-tà, ro chrìonadh culturail na Gàidhealtachd an dèidh Chùil Lodair agus aig Àm nam Fuadaichean: fada bhuaithe.

Dè idir a thachair, ma-thà, dha fosgailteachd nan Gàidheal (no 's dòcha mar bu cheart a ràdh fosgailteachd an luchd-sgrìobhaidh Ghàidhealaich) mu dheireadh na h-ochdamh linne deug/toiseach na naoidheamh linne deug?

Gun a bhith a' dol a-staigh ann an doimhneachd agus ann am farsaingeachd na ceiste seo, chithear co-dhiù aon rud mòr a lean gu dlùth air crìonadh siostam nam fineachan Gàidhealach agus tùs àm nan imrichean bhon Ghàidhealtachd: b' e sin teachd nan 'daoine' air fearann agus air chogais nan Gàidheal. Mar a bhios fios aig ar cuid leughadairean a thogadh air Gàidhealtachd na h-Alba (eu-coltach, 's dòcha, ri cuid de leughadairean na Gàidhlig a rugadh agus a thogadh thall thairis, gu h-àraidh Gàidheil Chanada) cò bha anns na daoine seo ach luchd-searmonachaidh neo-phroifeiseanta (daoine nach robh nam ministearan 'ceart' dligheach) a bhiodh a' siubhal fad is farsaing bho ghleann gu gleann, bho eilean gu eilean, 's iad a' sgaoileadh an t-soisgeil mar a b' fheàrr a b' urrainn dhaibh ann an Gàidhlig shiùbhlach, phongail, làidir agus iad sin comasach air cridhe an luchd-èisteachd aca a bhualadh gu trom is gu h-èifeachdach. Nan dèidh fhèin, thachair gach rud eile ann an eachdraidh nan eaglaisean Pròstanach air a' Ghàidhealtachd: an Dùsgadh; an t-Eas-aonta; èirigh na h-Eaglaise Saoire is na h-Eaglaise Saoire Clèiriche, agus mar sin air adhart. Aig an aon àm a bha seo, bha àireamh nan daoine a bha a' cur romhpa a' Ghàidhealtachd fhàgail a' sìor dhol suas bliadhna an dèidh bliadhna: cuid dhiubh air am putadh a-mach à àite am breith is an àraich; cuid eile dhiubh air an tarraing a-null gu ruige 'Gàidhealtachdan' ùra an t-Saoghail Ùir (eadar Aimearagaidh a Tuath Bhreatainneach agus Astràilia/

Sealainn Nuadh) gus an crannchur a leasachadh mar a b'
fheàrr a b' urrainn dhaibh fhèin.

Agus bho chrìonadh ann an corp a' chomainn thèidear
gu sgiobalta gu crìonadh anns a' chorp fhèin (no 's dòcha
crìonadh ann an ùidh is suim a' chuirp am measg na
feadhna a bha air fhàgail). Chithear a bhuaidh fhèin aig
gach rud culturail, eachdraidheil agus sòisealta (gun luaidh
air gach rud ceangailte ri ceist is cleachdadh a' chànain
fhèin) ann an crìonadh cur an cèill is foillseachadh
mealtainn a' chuirp ann an obair nam bàrd againn bhon àm
seo suas chun an latha an-diugh. Ann an iomadach dòigh,
thathar a' faireachadh gu bheil sinn fhathast dìreach ri
dìdearachd a-staigh air raointean mòra muineadaireachd
nan Gàidheal mar a bha iad air an treabhadh (is air an
cliathadh) bho shean is sinn am falach fo bhrat beag (agus e
a' sìor fhàs nas lugha) na moraltachd Bhictòrianaich-
Eideardaich a chaidh a shadail oirnn nuair bu mhotha am
feum a bha againn air fosgailteachd ar sinnsearan. Nuair bu
mhotha an t-eu-ceartas a rinneadh oirnn is sinn a' cur cùl,
chan ann a-mhàin ris na glinn 'bu bhòidhche leinn' is sinn
a' dol air bòrd long mhòr nan eilthireach (a dheòin no a
dh'aindheoin), ach cuideachd ri ar cùl fhèin, no co-dhiù ri
cur an cèill a' chùil againn: an tòn, am bod, a' phit, na
cìochan, a' chroiteag, na magairlean… Fuadach a' Ghàidheil
is na Bana-Ghàidheil a-mach às an corp fhèin gus nach
leigte a leas ach dìreach fuaim an fhacail 'bod' gus gaoir a
chur oirnn uile. Ach bha latha eile ann.

Fiù 's anns an latha a tha ann, tha mac-talla nan làithean eile a bha sin fhathast ri chluinntinn ann an iomadach naidheachd is sgeulachd bheag èibhinn bho thall (Gàidhealtachd Chanada) is bhos (a' Ghàidhealtachd seo fhèin). Chualas chan ann fada bhuaithe (aig àm nuair a bha *Sràid a' Chrùnaidh* air an teilibhisean a' farpais an aghaidh bloighean deireannach an taigh'-chèilidh airson làmh an uachdair ann am fearas-chuideachd nan Gàidheal anns an t-seann dùthaich) na leanas bho thè a bha gu math cràbhaidh is gu math mòr aig gach ministear Clèireach is eile a bha anns an sgìre. Bha muinntir àite àraid air a' Ghàidhealtachd a' cumail faire air corp nàbaidh a chaochail goirid ron sin. Bha an seòmar làn bhoireannach. Thàinig am ministear a-staigh, is e na bhodach beag tapaidh, is shuidh e sìos air an t-sèitheir a b' fhaisg' a bha ann. Ma shuidh, bhrist an t-sèithear fo chuideam a' mhinisteir. Agus ma bhrist, chualas bho aona chaillich: 'Pit!' is i air eagal a beatha a ghabhail le fuaim bristeadh na sèitheir. Agus dìreach diog na dèidh chualas bho chaillich dhiadhaidh eile a bha na suidhe làmh ris a' chiad tè: 'Bod mòr mo sheanar!' Bhurst na bha an-làthair uile a-mach nan lùban is iad a' strachdadh a ghàireachdainn. A rèir an t-seanchais, cha do chuir 'pit' no 'bod mòr mo sheanar' fiù 's am ministear suas no sìos gun luaidh air a' chuideachd bhanail a bha san èisteachd.

Nas fhaisg' air an àm againne a-nise le rud a chualas leinn fhìn is sinn a' fàs suas ach an stòiridh seo a fhuaras air gach taobh a' Chuain Siar 's aig an robh an aon fhuasgladh: an aon *phunch-line*, mar gun canadh tu. Bha tè òg às na h-eileanan shìos ann am Baile Ghlaschu, no tè òg à Ceap Breatainn shìos ann am Baile Bhoston. Co-dhiù no co-dheth, anns an sgeulachd Albannaich, thuirt bean-an-taighe Ghallda ris a' Bhana-Ghàidheal: 'Put your feet up by the fire'; is fhreagair an tè Ghàidhealach: 'Chan e mo phit a tha fuar ach mo dhà chois'. *Ditto* dha fuasgladh na sgeulachd Canadianaich ach a-mhàin gun robh muinntir a' charbaid-eiridinn ann am Boston a' ràdh, is an tè òg air tuiteam na laigse: 'Cover her feet; cover her feet'.

Mar an ceudna, cluinnear aig amannan bho dhiofar dhaoine ann an saoghal na Gàidhlig nach eile an leithid a rud anns a' chànan againn ri droch fhaclan, no ri guidheachan a-muigh no a-mach. Feumaidh 's gun robh sinne 's dòcha ann an cuideachd car leamh, ach mar fhreagairt air an àicheadh seo chan urrainnear gun bhith a' smaoineachadh air a h-uile 'droch' fhacal is na diofar ghuidheachan a chualas nar n-òige. Nach iongantach an dòigh anns a bheilear a' dèanamh oidhirp mhòr gus cuid de mhion-chànanan an t-saoghail a dhìon bho chasaidean nach eil uaireannan eadhon ann. Tha e doirbh a thuigsinn carson a bhiodh 'droch' fhaclan nan comharra air rudeigin nach bu chòir a bhith ann. Ach, gu follaiseach, tha moraltachd bho àm eile an cois an àichidh a tha seo mu chor 'fìor-ghlan' na Gàidhlig a thaobh nan guidheachan gorma nach tig am fianais dhaoine 'dòigheil' mas fhìor.

Aon fhacal beag goirid eile, an seo, mun dìleab a thaobh 'drabastachd' no 'feise' ann an litreachas na Roinn Eòrpa a bharrachd air a' bhàrdachd Ghàidhlig a bhios ri faotainn am broinn an leabhair bhig seo. Cha leigear a leas a dhol na b' fhaide sìos anns an fhicheadamh linn na gu cùis D. H. Lawrence agus an luchd-caisg a bha airson an leabhar slàn coileanta aige a chumail a-mach à saoghal nan leughadairean cumanta. Ged a chaidh *Lady Chatterley's Lover* fhoillseachadh tùs-gnothaich ann an 1928, b' fheudar dha leughadairean na dùthcha seo feitheamh gu 1960 gus an deach a chur an clò le *Penguin Books* agus iad sin (a' chompanaidh foillseachaidh ainmeil ud) anns a' bhad air an toirt gu cùis-lagha fo Achd nam Foillseachaidhean Drabasta (1959). 'S e an rud bu mhotha a chuir dragh air an luchd-caisg ach an liuthad uair a nochd dà fhacal gu seachd àraidh: an seann fhacal Sacsannach de cheithir litrichean a thòisicheas le 'f'; agus am facal Beurla airson 'pit' a thòisicheas le 'c'. Air a' cheann thall, fhuaras neo-chiontach an leabhar (mar gum b' e duine fa leth a bha ann) agus fhuair gach leughadair, nam bu mhiann leotha, grèim air an nobhail shlàn mu dheireadh thall. Mun cuairt air an aon àm, agus fhathast ann an saoghal litreachas na Beurla, fhuair Seumas Joyce a dhubh chàineadh bho chaochladh dhaoine airson na cuid 'drabastachd' a bha ri faotainn ann an *Ulysses*: Leopold Bloom na shuidhe air a' phana san taigh-bheag taobh a-muigh a thaighe-san; Leopold Bloom ga bhrodadh fhèin cois na tràghad is e a' toirt sùil air caileig òig shìos bhuaithe; agus Molly Bloom aig an fhìor dheireadh is i na sìneadh air an leabaidh aice a' cantail 's ag ath-chantail gun sgur am facal '*yes*'.

A thaobh litreachas na Fraingis, faodar a dhol air ais chun na h-ochdamh linne deug, an deas-meadhan Àm an t-Soillearachaidh, gu *La Religieuse* (no 'a' Bhean-Chràbhaidh') le Denis Diderot gus an aon seòrsa *cause célèbre* fhaighinn far an robh faireachaidhean an luchd-leughaidh gan toirt a-staigh gus bacadh a chur air foillseachadh an leabhair gu às dèidh bàs an sgrìobhadair fhèin. A bharrachd air cleasan litreachais, agus beachdan Diderot an aghaidh nan sagartan (agus an aghaidh nan cailleachan dubha), 's e bu mhotha a chuir goireiseachadh air an *beau monde* aig an àm ach na seallaidhean feòlmhora de dh'fheis, de mhuineadaireachd, an dà chuid eadar fhear is bhean agus eadar bhean is bhean: seallaidhean a dh'fhaodas, nan cuid follaiseachd agus nan cuid luime, fhathast beagan de *frisson* a chur oirnne a leughas iad.

Ach bu cheart dhuinn a-nise ar n-aire a thoirt air na dàin fhèin a bhios a' leantail anns a' chruinneachadh seo. Bho fhìor thoiseach an leabhair agus an dàn 'Éistibh, a lucht an tighe-se' le Iseabal Ní Mheic Cailéin air a dhèanamh aig deireadh na còigeamh linne deug no tùs na siathamh linne deug, chithear na loidhnichean-fosglaidh buaireanta a leanas: 'Éistibh a lucht an tighe-se/re scél na mbod brioghmhar/do shanntaich mo chridhe-sa... Bod mo shagairt thuarasdail/gé atá cho fada seasmhach'. Ged a tha

an dàn seo sgrìobhte sa Ghàidhlig Chlasaigich Choitchinn
seach sa Ghàidhlig 'chumanta', tha fhios gun tuigear gun
cus spàirn an t-iarrtas iongantach seo bho bhoireannach a
bha shuas gu h-àrd ann an comann na Gàidhealtachd aig
àm ron Ath-Leasachadh is i a' toirt iomradh làn dèidh is
miann a' chuirp air ball-fireann an t-sagairt 'phearsanta'
aice fhèin. Chan e a-mhàin gu bheil i a' moladh bod a
sagairt 'thuarasdail', ach gu bheil i a' cur an cèill a'
mholaidh fheòlmhoir seo fa chomhair 'luchd' a taigh-se air
fad: iadsan shuas anns an dream àrd cho math ris an
fheadhainn shìos am measg shearbhantan is eile. Bu bheag
nàire a tha ri faicinn sna faclan seo a dh'fhaodas fhathast,
an dèidh còrr is còig cheud bliadhna, beagan de ruadhadh a
chur air gruaidhean leughadairean an latha an-diugh fhèin.

A bharrachd air an Iseabail seo, Ban-Iarla Earra-
Ghàidheal, tha a' chiad phàirt dhen leabhar seo gu h-àraidh
na chothrom leughaidh do dhaoine a thaobh nan dàn aig
Sir Donnchadh Caimbeul, Gleann Urchaidh. Coltach ri
Iseabail Ban-Iarla Earra-Ghàidheal, thathar a' gabhail
gnothach an seo ri àrd-uasal na Gàidhealtachd, beò aig àm
far am facas dol-fodha neart Rìoghachd nan Eilean
stèidhichte ann an Ìle agus èirigh cumhachd an riaghaltais
rìoghail ann am meadhan na h-Alba: agus seo uile ron
Ath-Leasachadh. A-rithist, coltach ri Iseabail againne, tha
Sir Donnchadh a' dèanamh a chuid dhàn sa Ghàidhlig
Chlasaigich Choitchinn. Mar sin dheth, chan ann a-mhàin
mar fhear-uasal a bhiodh a chuid bàrdachd air a sgaradh

bhon chòrr de shluagh 'cumanta' na Gàidealtachd (gu fisiceach sgaraichte ann an seòmraichean leòmach am broinn chaistealan mòra), ach cuideachd mar fhear a bha comasach air a' Ghàidhlig Chlasaigeach Choitcheann seo a thuigsinn agus a sgrìobhadh sa chiad àite. Seo bloigh bheag dhe na bhios ri thighinn san leabhar leis: 'Bod bríoghmhor atá ag Donncha/fada féitheach fíordhorcha/reamhar druimleathan díreach...' Mar mholadh air a bhall fhèin, chan fhaighear nas bragaile no nas cinntiche às fhèin na seo ann an litreachas an t-saoghail mhòir ge b' e dè an cànan anns do rinneadh e. Ge-tà, seach gura h-e a tha an seo ach fear-uasal a tha a' bruidhinn air fhèin ri cho-uaislean fhèin (iadsan, mar a bha esan, a bha a' tighinn beò air àird an fhàraidh) faodar a' cheist a chur: dè dìreach a' bhuaidh a bha air a bhith aig an leithid a 'dhrabastachd' phearsanta, Ghàidhealach fhèin air a' chòrr dhen chomann? Am biodh daoine 'cumanta' a-muigh air an tuath air an leithid a bhàrdachd a chluinntinn? Ach, fiù 's ged nach bitheadh, bha iad air an cuid fhèin de dh'fhosgailteachd fheòlmhor a chruthachadh no a ghiùlan bho linn gu linn (ciamar eile a mhìnicheamaid an leantainneachd a thaobh sgeulachdan beaga 'drabasta' mar a chunnacas shuas gu h-àrd bho gach taobh a' Chuain Siar).

Feumaidh sinn cumail a' dol anns an leabhar seo gus an ruig sinn Eachann Mòr MacIll-Eathain (c 1571) ach an gabhar gnothach ris a' chiad earrainn de bhàrdachd an duanaire seo sgrìobhte sa Ghàidhlig 'chumanta'. Agus, ged nach eil "S Luaineach mo Chadal A-Nochd' idir cho 'drabasta' ris an stuth 'uasail' ron seo sgrìobhte sa Ghàidhlig Chlasaigich Choitchinn, 's e a tha againn an seo ach seòrsa de chòd-molaidh airson corp an leannain: samhlaidhean no *tropes* a thig am bàrr uair is uair eile sìos na linntean chun an latha againn fhìn. Gheibhear, mar eisimpleir, na leanas: 'Deud air dhreach cailce na beul/'S binne na 'n teud-chiùil a guth... Mar shlios eala... [a] g[h]ruaidh mar an caorann dearg'. 'S e an aon rud a tha a dhìth an seo ach craiceann an leannain air a shamhlachadh ri canach an t-slèibh. Ach thig e fhathast anns na dàin eile na dhèidh.

A thaobh an tuillleadh 'drabastachd' car Rabelaisianach agus ana-clèireachail, sgrìobhte anns a' Ghàidhlig 'chumanta' seach sa chànan fhoirmeil, fhoglamaichte, feumar feitheamh beagan nas fhaide gus an ruigear 'Òran Gaoil', dàn gun urra (a-mach à Làmh-Sgrìobhainn MhicDhiaramaid, uaireigin ro 1770) gus am faighear na loidhnichean iongantach seo: 'Cìochan corrach as glan fiamh/Air a' chliathaich ghil mhaisich/Gur mòr a b' annsa bhith riut sìnt'/Na bhith leughadh Bìoball parsoin'. Cha mhòr nach fhairichear goireiseachadh a-nis fhèin 's labhraiche an dàin seo a' cur cìochan a leannain os cionn nan sgriobtairean naomh a bhuineas fiù 's dha pears-eaglais. Abair feòlmhorachd chinnteach aiste fhèin an aghaidh dùil a' chomainn is dualchas na h-eaglaise.

Airson bàrdachd nas sgaitiche buileach, feumar duilleag no dhà eile a thionndadh san *Leabhar Liath* seo gus 'An

Obair Nogha' le Seòras MacCoinnich a ruigsinn. Dèante uaireigin eadar deireadh na seachdamh linne deug is toiseach na h-ochdamh linne deug, cuiridh am bàrd seo caochladh charactaran boireann an sàs ach am bi iad uile a' moladh an rud an seo ris an canar 'an obair nogha'. Mar seo, nuair a thig tè Mairearad a-staigh dhan dàn:

> Sin dar a thuirt Mairearad –
>   'Tha m' earball air gabhail teine –
> 'Ille, nam biodh cearb ort,
>   Tha dearg air cìrean mo choilich.
> Nam faighinn gu mo dhearbhadh,
>   Mo ghearra-bhod 's mo phaidhir pheallaid,
> 'S mise bhiodh gu h-èibhinn
>   Nuair leumadh an acfhainn deiridh!'

Tha ceist mhòr ga cur an seo, ge-tà. Nas motha na miann nam ban (fosgailteachd miann nam ban an seo shuas is i a' ràdh gum biodh i 'gu h-èibhinn' nuair a gheibheadh i a 'g[h] earra-bhod' agus a 'p[h]aidhir pheallaid') nach e an rud ris a bheil gnothach againn an seo ach mac-meanmhainn bras nam fear (an fhir seo na aonar) a mhiannaicheadh an leithid a mhuineadaireachd choitcheann fhaicinn na shaoghal buaireasach fhèin?

Ach chan fheum sinn feitheamh fada gus ìocshlaint na h-obrach nuaidh seo fhaotainn bho bhana-bhàrd cho geur-chùiseach is cho fìor-bhreithneachail 's a tha againn

ann an Gàidhlig: Sìleas na Ceapaich agus a dàn drùidhteach
'An Aghaidh na h-Obair Nodha'. Mar chomhairle bho thè a
bha thall 's a chunnaic dha na h-ìgheanan a bhiodh a'
fulang fo chuip na h-obrach nuaidh a bha seo, agus mar
fhreagairt dha na fir leòmach a bhiodh a' feuchainn ris na
h-aona nigheanan a thàladh is a ghabhail gun dad a chòir
no cheartas, chan fhaighear nas fheàrr na seo ann an cànan
sam bith no aig àm sam bith:

> Mo nìonagan bòidheach,
>> Nam b' eòlach sibh mar mise
> Mun a' bhrosgal bhrèige
>> Seal mun èirich air a' chriosan,
> Gheibh sibh gealladh pòsaidh
>> Nuair thòisicheas boga-bhriseadh,
> 'S nuair a gheibh e 'n ruaig ud:
>>> 'Bheir uam i! Chan fhaca mis' i!'

Abair comhairle gheur bho *femme du monde* is i eòlach air
'a' bhrosgal bhrèige' a bhios ga chur an cèill mus èirichear
air na criosan: gun toirear seachad fiù 's an 'gealladh
pòsaidh' ach am faighear na nìonagan san àite far an tòisich
am 'boga-bhriseadh' is an còrr. Agus, abair sealladh
drùidhteach air seòrsa de ghràin *postcoitus* (seadh, gràin
thàmailteach seach am bròn no *tristesse* an dèidh feise air
am bruidhnear gu cumanta) anns na faclan a leanas bho
bheul an òigeir fhèin a fhuair ''n ruaig ud' is e a' cantail

mun nighinn bhochd a-nise, 'Bheir uam i! Chan fhaca mis'
i!' Cha b' urrainnear na b' fheàrr gus dìmeas is tàir nam
fear an aghaigh 'a' ghnothaich' a chur an cèill na an dàn seo
air fad. Cha b' urrainnear gus an ruigear an ath dhàn le
Sìleas Mhòr anns an leabhar seo: 'Comhairle air na
Nigheanan Òga'. Aon uair eile, tha i a' fighe agus a'
fuaigheil gu h-ealanta ri chèile comhairle na tè a chunnaic
gach car is cearbachd am measg nam fear agus suim na
màthar ann am beatha is cliù nan ìgheanan a bhios air am
fàgail, air an trèigsinn, le cùram cloinne nan cois is droch
chliù am measg a' chomainn airson nam beagan
mhionaidean de laigse is iad ag èisteachd ri faclan na
'teangaidh leòmaich' a bha sin. Abair *tour de force* nam ban
an aghaidh cealgaireachd nam fear.

An dèidh nan dàn cumhachdach a tha seo aig Sìleas na
Ceapaich, thigear a-staigh gu domhainn gu saoghal
mìorbhaileach, sgaiteach, drabasta is deas-bhriathrach
Alasdair Mhic Mhaighstir Alasdair. Bàrd mòr na h-ochdamh
linne deug (beò aig àm ar-a-mach nan Seumasach ann an
1715 agus fhathast beò aig àm Bliadhna Theàrlaich is Chùil
Lodair agus fada nan dèidh) tha sinne a' coimhead air mac
a' mhansa Easbaigich a bha seo mar chnàimh-droma an
duanaire againn mu bheil gach dàn is bàrd/bana-bhàrd eile
a' gluasad air astar fada no goirid a rèir an cuid ealantachd
'dhrabasta' fhèin. Gheibhear sia dàin leis an seo (feadhainn
dhiubh nach deach eadar-theangachadh gu h-iomlan ron
seo agus iad uile a-nise air an 'ùrachadh' a rèir modhan

litreachaidh an latha an-diugh): 'Moladh air deagh Bhod';
'Moladh Mòraig'; 'Mì-Mholadh Mòraig'; 'Òran do dhà
Bhodach'; 'Siud i a' chulaidh, 's cha b' i 'n ulaidh'; agus
'Tinneas na h-Urchaid'. Chan ann a-mhàin gu bheil gu leòr
an sin a chumas cagnadh ri iomadh sgoilear, leughadair,
neach-labhairt is neach-mealtainn na Gàidhlig, ach gu bheil
gu leòr an sin a nì dìmeas orrasan nach bu mhiste leotha an
fhosgailteachd chorporra Ghàidhealach a tha seo fhiosrachadh
ann an dòigh sam bith. Ach iadsan a tha deiseil is deònach
a dhol an sàs ann, 's e cuan mòr ìomhaighean, briathrachais,
thionndaidhean is 'dhroch'-fhaclan a gheibh iad ann an
obair Mhic Mhaighstir Alasdair mar a nochdas e an seo.

Bhon chiad dàn leis, 'Moladh air deagh Bhod', thèidear
air chuairt iongantaich gu ruige 'Moladh Mòraig' làn
tionndaidhean ealanta far a bheil an dà chuid mealtainn a'
chuirp is fuadach nan crìochan smaoineachaidh a' tighinn a
rèir a chèile gus dealbhan drùidhteach, maireannach fhàgail
ann an inntinn an leughadair: 'A cìochan geal criostal/Na'
faiceadh tu stòit' iad/Gun tàirneadh gu beag-nàir'/Ceann-
eaglais na Ròimhe'. Do Ghàidheal a thadhail a-staigh agus
a fhritheil air trì eaglaisean Crìosdail na bheatha (an Eaglais
Easbaigeach, an Eaglais Chlèireach agus an Eaglais
Chaitligeach) tha an t-iomradh seo air a' Phàpa, an
co-bhonn le tarraing air cumadh àlainn cìochan Mòraig, a'
cur a ghaisgeachd fheòlmhor air stairsnich nan eaglaisean
ach am faicear ceann-uidhe a mhiann leis na h-uaislean is
leis na h-ìslean sin uile cuideachd.

Bho seo, thèid e cuairt air rud a tha calg-dhìreach an aghaidh a' mholaidh seo le 'Mì-Mholadh Mòraig': dàn mar chleas litreachais far am faighear cuid dhe na loidhnichean as cruaidhe agus as guiniche ann am bàrdachd na Gàidhlig. Iadsan nach bu mhath leotha a bhith air an uabhasachadh, chan fheum iad a dhol an gaoith an dàin seo co-dhiù. Ach iadsan a thadhlas air, gheibh iad iomadh uair faireachadh coltach ri mòr-ioghnadh na ciad uarach a chualas guidheachan gorma nam beatha, far an seas iad air ais beagan bhon dàn (le meas no dìmeas dhan bhàrd) is far an can iad riuth' fhèin: 'An tuirt e sin?!'

Chanamaid gum mair am faireachadh sin, letheach-slighe eadar iongantas is sgannal, an còrr dhen ùine a bhios iad a' frithealadh dàin Mhic Mhaighstir Alasdair. Agus ge b' e dè an seòrsa breithneachaidh (no breitheanais) a bheir iad air na dàin seo air a' cheann thall, chan fhaodar a dhol às àicheadh nach e seo fear dhe na reultan mòra deàrrsach ann am bàrdachd na Gàidhlig fad iomadh linn roimhe agus na dhèidh.

Gu dearbh, an dèidh dòirteadh a' bhriathrachais 'dhrabasta' is stealladh nan ìomhaighean feòlmhora gun chrìochan sam bith, a rèir choltais, thig sìoladh fionnar oirnn leis a' chòrr dhe na dàin gus an ruigear feadhainn a chaidh a dhèanamh aig deireadh na ficheadamh linne is toiseach na h-aonamh linne fichead. Chan eilear idir a' dèanamh dìmeas air a' chòrr dhen *Leabhar Liath* seo. Ach a-mhàin gu bheilear a' toirt iomradh an seo air an atharrachadh litreachais a thachair aig an aon àm 's a thachair an t-atharrachadh eachdraidheil-sòisealta (ge b' e dè an t-ainm a bheir sinn air, eadar 'Dùsgadh' no 'Fuadaichean', eadar 'Imrichean' no 'Strì an Fhearainn') a dh'fhàg làrach nach bu bheag air gach pàirt de bheatha na Gàidhealtachd is nan Gàidheal na dhèidh. Agus a dh'aindheoin an atharrachaidh seo, tha dàin fhathast rim faotainn an dèidh Mhic Mhaighstir Alasdair a tha sgaiteach gu leòr gus goireiseachadh no *frisson* a chur air iomadh duine againn.

Aig deireadh an leabhair, an dèidh caochladh dhàn le Somhairle MacGill-Eain, Dòmhnall Mac an t-Saoir agus Iain Crichton Mac a' Ghobhainn (an triùir ud uile nach maireann), gheibhear dàin ealanta le bàird an latha an-diugh fhèin: Aonghas Dubh MacNeacail, Crìsdean MacIlleBhàin, Aonghas Pàdraig Caimbeul, Meg Bateman, Màiri NicGhumaraid, Rody Gorman, Anne Frater, Niall O'Gallagher agus Marcus Mac an Tuairneir. Bàird is dàin a tha fhathast a' putadh 's a' sìor phutadh a-mach crìochan na ghabhas innse: na tha *so-innse* agus na tha *do-innse*, ma tha an leithid a sgaradh idir ann. Bàird a tha a' tathaich nan crìochan mu na ghabhas a chur an cèill a thaobh an rud seo againn uile a tha cho sean ri ceò nam beann: corp mac an duine; corp nighean an duine; agus mealtainn a' chuirp seo taobh a-muigh agus taobh a-staigh gach leabhair a th' ann, biodh e dubh, geal no liath.

Introduction

> The tone of modern Gaelic poetry is clean and virile. In the
> case of the serious dignified compositions, known as *Orain
> Mhóra*, we cannot help feeling that the authors are
> high-minded men of very considerable power, who would
> utter nothing base.[1]

PROFESSOR WILLIAM WATSON, in his 1918 *Bàrdachd
Ghàidhlig* (a set text in Scottish schools throughout the
Highlands and Islands and in universities elsewhere over
many decades), doth protest too much. His introduction
betrays an anxiety about how Scottish Gaelic poetry might
be perceived: unclean, languid, unserious and – especially –
base. The reason for his anxiety soon becomes clear:

> [T]he Gael is no prude: there are passages and poems
> which we could well do without. The great poets, with one
> exception, never sin in this respect. The one exception is
> the greatest of them all, Alexander MacDonald, who, by
> some strange twist in one or two of his poems, appears to
> have deliberately aimed at being shocking, in imitation,
> probably, of certain much older examples. But when all is
> said, the total amount of Gaelic poetry unfit *virginibus*

---

1 William J Watson, *Bàrdachd Ghàidhlig* (Inverness 1918), xxv; by
'modern' Watson means post-1600.

puerisque is so small that we are left with a strong sense of the clean-mindedness and good taste of its composers.[2]

When talking about the history of Gaelic poetry, it is impossible to avoid the greatest poet of them all, Alexander MacDonald (Alasdair Mac Mhaighstir Alasdair, c 1698– c 1770). And when assessing MacDonald it is impossible to avoid the fact that much of his poetry was avowedly, exuberantly, excessively rude, (porno)graphic and blue. Watson was not the first to find MacDonald aberrant for this 'twisted' dirty-mindedness. In 1829, the Rev Dr Mackintosh MacKay, once moderator of the general assembly of the Church of Scotland, wished MacDonald's obscene work destroyed, 'as its most deserved fate, we should like to see it burned by the hand of the common executioner'.[3]

Both Mackay and Watson were part of a tendency across the 19th and early 20th centuries to expurgate and clean up Gaelic poetry, to contain and suppress – if not officially

2 Watson, *Bàrdachd Ghàidhlig*, xxvi.

3 MacKintosh Mackay (ed) *Songs and Poems, in the Gaelic Language*, by Robert Mackay (Inverness, 1829), xlvi. John Lorne Campbell also quotes John Reid's disapproval of MacDonald in the 1832 *Bibliotheca Scoto-Celtica*: 'The compositions show everything that is low, vile, and disgusting, both in sentiment and language'; see JL Campbell, 'The Expurgating of Mac Mhaighstir Alasdair', *Scottish Gaelic Studies* XII, I (1971): 72.

censor – undesirable elements, often with a religious motivation.[4] (Hugh MacDiarmid's acerbic observation about Scottish literature is at least half true of Gaelic poetry: 'Scottish literature, like all other literatures, has been *written* almost exclusively by blasphemers, immoralists, dipsomaniacs and madmen, but, unlike most other literatures, has been *written about* almost exclusively by ministers.')[5] Such moral condemnation of aspects of Gaelic poetry continued at least as far as the reception of Sorley MacLean's iconic collection *Dàin do Eimhir*, published in 1943; the Rev Malcom Macleod, reviewing MacLean's book in *An Gàidheal*, suggests that 'There is one quatrain in the book about which we are very sorry that it was ever printed. It reflects no credit upon the poet, or upon anyone else connected with the book, that it was printed.'[6] As Ronald Black convincingly argues, this appears to be an extreme reaction to a relatively innocuous poem,

---

4 A parallel could be drawn with the history of censorship of Irish language material. Most famously, Frank O' Connor's translation of Brian Merriman's 18th century *Cúirt An Mheán Oíche* fell foul of the Irish censor in 1946 while the original text did not; at the very least this suggests a depressing faith in the general Irish population's inability to understand the original in full.

5 Hugh MacDiarmid, *Selected Prose*, ed Alan Riach (Manchester: Carcanet, 1992), 3.

6 Malcolm MacLeod (as C McL) 'Dàin do Eimhir agus dàin eile', *An Gaidheal* (March 1944): 70–1; 71; our translation.

'Dàin Eile XVII', which – to our discredit? – appears in this collection.[7]

Alexander MacDonald and Sorley MacLean – perhaps the two most celebrated Gaelic poets – do not easily fit into a picture of Gaelic poetry as appropriate *virginibus puerisque*, fit for the consumption of young people. Instead, aspects of their work belong to a long and healthy tradition – or counter-tradition or subculture – of bawdry, erotic or love poetry that stretches as far back as the age of Ossian. This anthology aims to give a glimpse into this tradition, in its breadth and depth, gems, treasures, warts and all. It presents 65 poems and songs (and some fragments) from over 500 years of Gaelic Scotland, from high and low culture, the majority published here with new English translations. Most of the poems and songs can best be seen as bawdy or erotic: they depict sex (or, in lighter moods, love) with differing degrees of explicitness or rudeness. If one were to apply the British Board of Film Classification labels to the poems few would actually belong to the 18 category, and many would safely be PG. Much of the verse works by innuendo rather than explicit detail; and to balance the more risqué material we also include some relatively gentle love poems for the sake of colour and variety.[8]

---

7   Ronald Black, *An Tuil* (Edinburgh: Polygon, 1999), 309.

8   Fiona Pitt-Kethley takes a similar approach to her *Literary Companion to Sex* (London: Sinclair-Stevenson, 1992), xvii.

A few pieces here might be considered 'obscene'; this, however, raises the question of what is meant by 'obscene' or, indeed, 'bawdy' or 'erotic'. Some clarification is necessary. Our working definitions are similar to those suggested by Peter Wagner in *Eros Revived*, his study of the erotica of the Enlightenment in England and America:

> The terms bawdy (a), used synonymously with ribald, obscene (b), and erotic (c) should cause no difficulties, denoting (a) the humorous treatment of sex; (b) a description whose effect is shocking or disgusting; and (c) the writing about sex within the context of love and affection.[9]

The category of the 'bawdy' is less transparent than Wagner suggests. Much depends on who is laughing at this 'humorous treatment of sex', and how they are laughing: there are cultural differences. James Barke, for example, in his introduction to *The Merry Muses of Caledonia*, takes a cultural nationalist position on the relative health of Scottish 'healthy laughing' bawdry against English 'urinal' bawdry (with almost a perverse echo of Watson's preference for 'clean and virile' verse): 'English bawdry is ever inclined to "snirtle in its sleeve": the prurient snigger is seldom far away. In the main, Scots bawdry is frank, ribald, robustly

---

9   Peter Wagner, *Eros Revived: Erotica of the Enlightenment in England and America* (London: Secker and Warburg, 1988), 5.

Rabelaisian, rich in erotic imagery and extraordinarily fanciful in invention.'[10]

The Gaelic poems and songs presented here tend – in line with Barke's argument – to be frank, playful and fanciful, and rarely prurient (although one wonders what exactly is wrong with prurience). Again, Mac Mhaighstir Alasdair provides exceptions to this: his satire on two promiscuous

---

10 James Barke, 'Pornography and Bawdry in Literature and Society' in Robert Burns, *The Merry Muses of Caeldonia*, edited by James Barke, Sydney Goodsir Smith and Valentina Bold (Edinburgh: Luath, 2009), 107. Barke's tongue might – fittingly – be firmly in his cheek; earlier he suggests that 'Scottish bawdry has many peculiar characteristics. It is extremely frank – and it is fundamentally humorous and hence humanistic. It is extremely vigorous and, if it can be said to smell, it smells on the whole like the not unpleasant smell of horse droppings. It reeks of the stable rather than the urinal. To certain olfactory organs it gives the effect of new-mown hay' (101). Distinctions can be made within Scotland as well, as Edwin Muir – rather fancifully – does: 'Places naturally fertile and organised for fertility, where the bull becomes the communal symbol (as he is in many modern agricultural communities) produce a different conception of love from lighter and more barren regions. The love-songs of Dumfriesshire and the Mearns, another region famed for its fertility in Scotland, are mainly Rabelaisian, and quite unlike those of the Highlands or the Borders. They are completely of the soil, for fertility is as close a shackle as dearth, fettering the peasant not merely by necessity, but by all his sense, until his mind becomes as dull and rich as the landscape on which it feeds': Edwin Muir, *Scottish Journey* (London: Fontana, 1980 [1935]), 64.

octogenarians in Ardnamurchan, for example, takes great delight in descriptions of oozing grizzled guns; but this, perhaps, could be seen as a satire on prurience, rather than prurience itself.[11]

There are also problems with defining the 'obscene'. To label something as 'obscene' or 'pornographic' is not simply to describe its subject matter, but to suggest an attitude towards it, to identify it as shocking or disgusting or 'taboo'.[12] The use of these terms raises difficult questions. Who is being shocked or disgusted here? Who is deciding what is 'taboo'? There is a risk that we might map our own contemporary mores and taboos back onto material from previous centuries, and there are certainly things that are highly offensive to a modern reader – such as the comedic treatment of rape in George Mackenzie's 'An Obair Nogha' or the anonymous 'Eachainn an Slaoightear' – that do not appear to have had the same emotive force in the poems'

---

11 As Derick Thomson suggests, 'The poem about the libidinous octogenarians of Ardnamurchan ('Òran nam Bodach') has its moments of fun, but it may be doubted if the search for salacious detail there is governed by literary sensitivity. The man of extremes could go off the rails when the mood took him': Derick S. Thomson, 'Introduction' to Alasdair Mac Mhaighstir Alasdair, *Selected Poems*, (Edinburgh: Scottish Gaelic Texts Society, 1996), 33.

12 Wagner defines 'eighteenth-century pornography as the written or visual presentation in a realistic form of any genital or sexual behaviour with a deliberate violation of existing and widely accepted moral and social taboos': Wagner, *Eros Revived*, 7.

original contexts. To omit such material on the grounds of contemporary mores would, however, present a skewed and dishonest version of earlier attitudes to sex and love (though it doesn't stop us condemning the attitudes expressed). But we cannot rely simply on contemporary mores to identify what might have been 'obscene' in the past. Instead we have, where possible, followed internal prompts (in some of MacDonald's satires, for example, the point is clearly to offend and shock).[13] Another solution has been to resort to the age-old fascination with the comingling of sex and death, Eros and Thanatos, which is 'fascinating' not least because it seems always to skirt taboo.[14] Thus we include

---

13 The poems clearly succeeded in being offensive: the minutes of his employer, the Society in Scotland for the Propagation of Christian Knowledge, for 4 June 1745 note that he was 'composing Galick songs, stuffed with obscene Language' – see Campbell, 'The Expurgating of Mac Mhaighstir Alasdair', 59–60 and Thomson, 'Introduction', 9.

14 As Wagner argues, Eros 'seems to have gained in Thanatos a perennial companion... Whenever Eros revived in the cultures of the past, poets and artists perceived at the centre of creativity not Eros alone but the association of Eros and Thanatos' – Wagner, Eros Revived, 315. For Slavoj Žižek even in the courtly love tradition – that most sublimated of love poetry – there is a necessary undercurrent of sado-masochism, in which there is a morbid fascination with the mortification of the beloved's body – see Slavoj Žižek, The Metastases of Enjoyment: Six Essays on Women and Causality (London: Verso, 2005), 91.

material in which sexual desire or other types of love – or the description of the sexual organs – intersect with violence, death, or the consumption of human flesh and blood. There are poems that present blood-drinking (both by lovers and foster-mothers), the eating of sheep's testicles, and the torture and castration of Mussolini; we also include the anonymous 'Ailean Dubh à Lòchaidh', in which a woman celebrates the survival of her beloved, even though he has stolen her cattle, burnt her oats and barley, and killed her father, brothers and husband – an extreme expression of desire.

Most of the anthology, however, is erotic rather than obscene. It is focused explicitly on sex or love, without necessarily setting out to shock. The earliest material is among the most *explicitly* focused on sex. We include various items collected in the *Book of the Dean of Lismore*, a manuscript compiled between 1512 and 1526 by Sir James MacGregor, the Dean, and his brother Duncan: this is one of the most important sources of early Scottish Gaelic material, bawdry included.[15] For our purposes 'Éistibh, a

---

15 For further information about this collection, see Wilson McLeod and Meg Bateman (eds) *Duanaire na Sracaire* (Edinburgh: Birlinn, 2007), xxxii, E.C. Quiggin, *Poems from the Book of the Dean of Lismore* (Cambridge University Press, 1937), and WJ Watson, 'Vernacular Gaelic in the Book of the Dean of Lismore', *Transactions of the Gaelic Society of Inverness* XXXI (1922–4), 259–89.

lucht an tighe-se', from the Dean's book, offers a suitably expansive starting point for a rude Gaelic tradition. This is ascribed to Isabella, Countess of Argyll, and is clearly an example of the anti-courtly love tradition that grew up alongside the *amour courtois* and also invokes its most likely first audience, a gathering in an aristocratic court: the speaker is an aristocratic female joyously celebrating the penis of the priest retained by her family.[16] As William Gillies suggests, the poem may have been ascribed to her 'through mischief', and it is certainly part of an anti-clerical theme running through the *Book of the Dean*, which often appears in sharp sexual satire.[17] But much is to be gained by

---

16 As Jacques Lacan puts it, the courtly love phenomenon is 'all the more striking since we see it develop at a period of uninhibited fucking. I mean that they didn't attempt to hide it, didn't mince their words. The coexistence of two styles on the subject is the remarkable thing' – see Jacques Lacan *The Ethics of Psychoanalysis 1959–1960*, Book VII, ed. Jacques-Alain Miller, trans. Dennis Porter, (London: Routledge, 1992), 136.

17 William Gillies, 'Gaelic Literature in the Later Middle Ages: *The Book of the Dean* and beyond', in Brown et al (eds) *The Edinburgh History of Scottish Literature, Volume One: From Columba to the Union (until 1707)*, (Edinburgh University Press, 2007), 219-25, 224. For brief details about female aristocratic and vernacular verse before 1750, see Anne Frater, 'The Gaelic Tradition up to 1750' in Douglas Gifford and Dorothy MacMillan (eds) *A History of Scottish Women's Writing* (Edinburgh University Press, 1997), 1–3, and 'Women of the Gàidhealtachd and their Songs to 1750'

viewing this as an early statement of female desire, satirically responding to the homocentric *amour courtois* tradition.

One of the strengths of the Gaelic tradition is how many songs (and poems) there are by women, stretching through the centuries. Sorley MacLean considered the anonymous songs of the 16th to 18th centuries (often apparently composed by women) to be the high point of Gaelic culture, for their 'exquisite visual as well as auditory sensuousness', and their direct, raw emotion.[18] This is the case, say of 'Ailean Dubh à Lòchaidh', an example of one of the most common genres of female work songs: waulking songs. As Anne Lorne Gillies suggests, the waulking or fulling of tweed offered an exclusively female environment in which women could 'bitch, giggle and lose their inhibitions; retell old legends and new gossip; lament their heroes or their husbands, their love affairs or lack of them' – from the waulking of the tweed, in other words, came much 'feisty, often sexually explicit verse'.[19] These are songs that could evolve and develop with each singing, and allowed for different women's voices to interact, and contribute their own twists and turns to the tales: this is an exuberant, playful and punning genre. 'Gura mi tha trom duilich', for

---

in Elizabeth Ewan and Maureen M. Meikle (eds) *Women in Scotland c 1100–c 1750* (East Linton: Tuckwell, 1999), 67–79.

18 Sorley MacLean, *Ris a' Bhruthaich* (Stornoway: Acair, 1997), 77.

19 Anne Lorne Gillies, *The Songs of Gaelic Scotland* (Edinburgh: Birlinn, 2010) xxiv, 471.

example, celebrates in the image of the 'g[h]ille aig eil fios air na h-uairean' [the young man who knows the hours] the skill with which male fingers could wind up watches or – indeed – other things; George MacKenzie's 'An Obair Nogha', meanwhile, could be seen (among other things) as offering a reductive male fantasy of such sexually-charged communal female storytelling.

The sheiling (or *àirigh*) provided another female-dominated performance space, and the setting for many songs. Sheilings were the moorland or hillside locations where – most commonly – women and children would take cattle for summer pasturage. The sheiling was, in Anne Lorne Gillies' words, 'an idyllic scene of pastoral peace', and 'also the scene of many love affairs'; but this did not come without risk:

> the sheiling and the cattle-fold were also contexts in which large numbers of young girls were to be found working together with a minimum of supervision. That such love affairs could have dangerous consequences is implicit in songs where supernatural intervention is used to 'explain' loss of virginity, pregnancy and even (one suspects) the abandonment, or worse, of unwanted babies.[20]

As 'Is trom leam an àirigh' suggests, the sheiling also offered great potential for male sexual frustration as well as fulfilment.

The other performance space *par excellence* was the

---

20 Anne Lorne Gillies, *The Songs of Gaelic Scotland*, 319.

ceilidh-house. Following the decline of the Gaelic aristocracy and their court feasts, the ceilidh became, from the 18th to 20th centuries, one of the most important Gaelic performance spaces for men and – to a lesser extent – women.[21] The particular flavour of each ceilidh-house would have been determined by the host, and what was on offer could combine, in Ronald Black's words 'not just tales of all kinds, but factual reminiscences, poems, ballads, songs, extemporary composition, literary criticism, grammar, vocabulary, semantics, theology, history, genealogy, politics, economics, agriculture, meteorology, astronomy, medicine, zoology, riddles, conundrums, parlour-games, proverbs, repartee, news.'[22] As with the songs sung at the waulking of the tweed, however, the emphasis was generally not on originality, but on variations of traditional songs and genres, mediated and coloured by personal experience.[23]

---

21 For more on the ceilidh scene, see Black, *An Lasair*, xii-xv, Anne Lorne Gillies, *The Songs of Gaelic Scotland*, 469–71, and – the source of much of our information – Alexander Carmichael, *Carmina Gadelica* (Edinburgh, 1928), 2nd edition, I: xii-xiii.

22 Black, *An Lasair*, xii.

23 See Meg Bateman, 'Women's Writing in Scottish Gaelic Since 1750' in Gifford and MacMillan (eds) *A History of Scottish Women's Writing*, 659–660, and – for 'originality' in the bardic context – McLeod and Bateman (eds) *Duanaire Na Sracaire*, xxxv, and Eleanor Knott *A Bhful Aguinn Dár Chum Tadhg Dall Ó hUiginn (1550–1591) / The Bardic Poems of Tadhg Dall Ó hUiginn* (London: ITS, 1922), I: li.

That waulking songs, sheiling songs and the traditions of
the ceilidh-house have survived to the present day is thanks
to the continued strength of the oral tradition into the 20th
(and even 21st) century, and to the collectors of songs and
folklore in the 18th, 19th and 20th centuries. These include
the Rev Alexander Pope of Reay who began collecting in
the 1730s, the Rev James McLagan in the 1750s and Ewan
MacDiarmid in 1770; the first to be published was the Eigg
collection, gathered by Mac Mhaighstir Alasdair's son
Ranald MacDonald, which appeared in 1776.[24] In the late
18th century these collectors were inspired, in part, by the
post-Ossianic desire to gather evidence of Scottish Gaelic
material to authenticate, falsify or just contextualise James
MacPherson's epic 'discoveries'; they were also part of a
wider (Scottish, British and European) tendency to collect
folk material, of which *sub rosa* songs were only one
element. These collecting circles were, to some extent,
associated with vibrant performance cultures: one thinks of
the pub scenes which feature heavily in Robert Burns's
work ('Tam o'Shanter, say, or 'The Jolly Beggars / Love and
Liberty: an Incantata'), and which offer a limited parallel to
the Gaelic ceilidh culture. They may also (again Burns gives

24 See Derick S Thomson (ed) *The MacDiarmid MS Anthology*
(Edinburgh: Scottish Gaelic Texts Society, 1992), 3–4, and Black,
An Lasair (Edinburgh: Birlinn, 2001), 362, for further details of
these collections.

an example) have overlapped with male drinking and sex clubs active in the 18th century.[25]

It is perhaps in such libertarian contexts that one of the most intriguing Gaelic documents should be viewed. *An Leabhar Liath* – which gives our anthology its name, *The Light-Blue Book* – gathered together four rude songs, all of which are included here: 'Eachainn an Slaoightear', 'An Obair Nogha', 'An Seudagan' and 'Dòmhnallan Dubh'. Ronald Black and Donald MacLean argue that, although this was cover-dated 1801, it may have been published in 1845, having been compiled by John MacKenzie in parallel to his celebrated (and clean) *Sar-Obair nam Bard Gaelach; or, The Beauties of Gaelic Poetry, and Lives of the Highland Bards*, first published in Glasgow in 1841.[26] There is little

---

25 For details of Scotland's best-known sex club, 'The Most Ancient and Most Puissant Order of *the Beggar's Benison* and Merryland', based in Anstruther, Fife, see David Stevenson's *The Beggar's Benison: Sex Clubs of Enlightenment Scotland* (East Linton: Tuckwell Press, 2001).

26 Cf Black, *An Lasair*, 372–3 and Donald MacLean, *Typographia Scot-Gadelica* (Edinburgh, 1915), 246–7; the version of *An Leabhar Liath* we are using throughout this anthology is that held in Glasgow University Library; thanks go to the staff there for their courtesy and helpfulness. As Colm Ó Baoill has suggested in correspondence, however, there is clear evidence that one of the songs from the pamphlet, 'Eachann an Slaoightear', was known in the early 1800s. In a collection published by Thomas Duncan in Glasgow in 1805, *Orainn Ghaelich air an nuadh chuir amach*.

doubt, however, that published privately, *An Leabhar Liath* was also meant to be enjoyed privately or at least in select company. This is also the case of the material gathered in a manuscript compiled by the Edinburgh surgeon Robert Craig Maclagan on behalf of the Folklore Society in 1893. As Dòmhnall Uilleam Stiùbhart argues, Maclagan is probably responsible for the discussion of Gaelic erotica – anecdotes, lore, alternative definitions and etymologies, snippets of verse – published in the obscene French periodical *Kryptadia*.[27]

What of the content of the songs and poems we include here? There are love songs, songs about sexual encounters, songs giving advice to men or women about choosing partners, songs praising various parts of the male and female body, songs of longing, frustration, death, consummation and parting. There are songs that warn of the dangers of sex – others celebrate overcoming such

---

Le Donacha Cinicnach (Duncan Cunningham), one of the songs – 'Tha nighneagan òga / Cho dèidheil air pògan' – is to be sung to the tune of 'Eachainn a mheàrlaich, sin a rinn dàn' thu...' which is clearly a variant of the song we include here. Certainly, then, the song was part of the oral tradition at this point; it may be the case that *An Leabhar Liath* itself may have existed in some form from the early 1800s as well.

27 *Kryptadia* 10 (1907), 295–367. Stiùbhart discussed *Kryptadia* in a lecture delivered at the 'Sex and Sexualities in the Celtic World' conference at the University of Edinburgh in November 2013.

warnings. There are satires on the clergy, on old age, on
Mussolini, on the aristocracy, on Hanoverians. There are
songs whose impulse is unadulterated misogyny, there are
others that show female desire for unadulterated misogynists.
There are numerous pieces by Mac Mhaighstir Alasdair,
some published with full modern English translations for
the first time. There is heterosexual verse and – in more
recent material – poetry explicitly presenting homosexual
desire. There are songs which retain the ability to shock
even the most inured modern reader: there are pieces which
are frank and unabashed, some that are in-your-face
explicit, and there are others that are gently suggestive.

These last are perhaps the most difficult to appreciate:
their suggestiveness at times requires a lot of imagination on
the part of the reader. There are, certainly, lots of stock or
generic images in Gaelic love songs and poetry, repeated
with more or less vigour: breasts like mountain-peaks, the
colour of bog cotton or snow; flanks the shape of
swan-necks; voices sweeter than harp strings; honey-kisses;
thighs like tree trunks. As William Gillies and Anne Lorne
Gillies argue, there is a good deal of crossover in this imagery
with that of Gaelic praise poems, and the 'panegyric' code
they utilise.[28] Other images are more opaque in their

28 See John MacInnes, 'The Panegyric Code in Gaelic Poetry and its
   Historical Background', *Transactions of the Gaelic Society of
   Inverness*, L (1978): 435–98, Anne Lorne Gillies, *Songs of Gaelic*

suggestiveness, and as Dòmhnall Uilleam Stiùbhart suggests, we are also in need of a comprehensive 'pornographic code'.[29] The article in *Kryptadia* offers the beginnings of such a taxonomy, and Michael Newton's 2014 *Naughty Little Book of Gaelic* is also very helpful in this regard; there are, however a few tendencies that should be mentioned here. The relationship between the human body and the natural landscape is explored in an almost infinite variety of ways, to the extent that it is sometimes difficult to identify when the peaks, hillsides, hillocks, nooks, crofts, towers and stacs are simply geographical rather than bodily features. The most famous example of this identification in Gaelic culture is *Bod an Stòrr* (the Penis of Stòrr), more commonly now known by the cleansed name of *Bodach an Stòrr* (the Old Man of Stòrr). Similarly, there are long established (and more or less obvious) associations between genitalia and musical instruments, such as pipes for penises, harp strings for female pubic hair, and – as a result – harp-keys for penises (as in the extended innuendo of the Blind Harper's 'Fèill nan Crann', not included here).[30]

Scotland, 318 and William Gillies, 'The Classical Tradition', in Cairns Craig and RDS Jack (eds) *The History of Scottish Literature Vol 1* (Aberdeen University Press, 1987), 258.

29 See note 27 above.

30 See William Matheson (ed) *An Clàrsair Dall / The Blind Harper* (Edinburgh: Scottish Gaelic Texts Society, 1970), 12–9. Niall Mòr MacMhuirich's pseudo-history of the pipes is perhaps the other

Other suggestive images we leave to the playfulness of the reader's imagination. The poet and critic Christopher Whyte talks about the 'pleasure' of reading against the grain, of the importance not of:

> what we were instructed to look for in a text, or the things we are supposed to find there, but the pleasure that it gave us, the impulse(s) that kept us reading. We are at last allowed to talk openly of our *jouissance* as readers, particularly when it was a kind of *jouissance* we might initially have hesitated to confess to.[31]

Whyte is arguing in favour of 'queer reading' and there is certainly scope for that with this material: the anonymity of

---

most notable example not included in this anthology: see 'Eatroman Muice o Hó' (A History of the Pipes from the Beginning) in McLeod and Bateman (eds) *Duanaire na Sracaire*, 278–81. To make up for these omissions, here is a modern related piece we were offered while compiling this book: 'An cuala tu mu dheidhinn am fear a chaidh chun a' bhùidseir a dh'iarraidh bod tairbh airson feadan a dhèanamh? Thuirt am bùidsear leis gu robh e eagallach duilich, cha robh bod tairbh aige, ach bha pit mairt aige airson mouth organ a dhèanamh.' (Did you hear about the man who went to the butcher and asked for a bull's penis to make a chanter? The butcher told him he was very sorry, he didn't have a bull's penis, but he had a cow's vagina if he wanted to make a mouth organ).

31 Christopher Whyte, 'Queer Readings, Gay Texts: From *Redgauntlet to The Prime of Miss Jean Brodie*', in Eleanor Bell and Gavin Miller (eds) *Scotland in Theory* (Amsterdam: Rodopi, 2003), 152.

much Gaelic song does allow one at least to imagine the effects and pleasures of some of these songs being sung queerly, by unexpected voices. But there is a wider point about *jouissance*. Erotic and bawdy verse is, fundamentally, not just about a greater understanding of historical and social conditions, but also about pleasure. The self-styled erotologist CJ Scheiner argues that 'Erotica is, and should be, fun. Since time immemorial, sexually explicit literature has served the multiple purposes of education, aphrodisiac *and* entertainment.'[32] Burns makes a similar point. In a letter to James Hoy of 6 November 1787 enclosing 'one or two poetic bagatelles which the world have not seen, or, perhaps, for obvious reasons, cannot see', Burns hopes that 'they may make you laugh a little, which, on the whole, is no bad way of spending one's precious hours and still more precious breath'.[33] We hope that the poems and songs in this collection entertain as much as educate, hope even that they will make you laugh a little.

---

32 CJ Scheiner (ed) *The Encyclopedia of Erotic Literature* (New York: Barricade, 1996, 2 vols), II: 5.
33 G Ross Roy (ed) *The Letters of Robert Burns* (Oxford: Clarendon, 1985), Vol. I: 170. C.f. also Barke, 'Pornography and Bawdry', 122.

Note on the Gaelic Texts and the Translations

THE GAELIC TEXTS included here are written both in Classical Common Gaelic – the shared high-register poetic and scholarly language that was used from c 1200 to c 1650 throughout Ireland and Gaelic Scotland – and in the vernacular Scottish Gaelic that evolved alongside this, and has continued to the present day. Where appropriate we present the (more recent) vernacular material in line with current orthographic practices, to make them more accessible for the modern reader. Throughout, we are indebted to the work of previous editors and translators and grateful for permission to base our texts on their previous editorial work; this is especially true of material from the *Book of the Dean of Lismore*. In particular we would like to thank Colm Ó Baoill, William Gillies, Ronald Black, Wilson McLeod and Meg Bateman, and Tia Thomson, on behalf of the family of Derick Thomson. Any infelicities or errors in Gaelic or English texts are – however – entirely of our own making.

All translations are, unless stated, by the editors. When translating the poems we have attempted, above all, to maintain the energy, tone (as Seamus Heaney puts it, 'the inner life of a language, a secret spirit at play behind or at odds with what is being said and how it is being structured in syntax and figures of speech') and rhythm of the originals, while also gesturing towards the complexities of rhyme and alliteration where possible.[1] We felt that our main responsibility was to show the range and level of detail in imagery, and the playful energy with which this imagery was presented, rather than a word-by-word or line-by-line transliteration of the original texts. In some texts – even, or especially, by Mac Mhaighstir Alasdair – the precise content of the imagery, praise and insults is often less important than the brio with which they are delivered. This is also true of a poem such as 'Bod bríoghmhor atá ag Donncha' which is, in effect, simply a joyful run of adjectives. For each text we identify the specific source or sources on which we are basing our own edition of the poems and songs; for those readers who want to explore further, these often include more in-depth notes about the material and alternative, often more literal, translations.

---

1   Seamus Heaney, *The Government of The Tongue* (London: Faber, 1988), 33.

Éistibh, a lucht an tighe-se

Iseabal Ní Mheic Cailéin, Contaois Oirir Ghaoidheal
†c1510

Éistibh, a lucht an tighe-se,
re scéal[aibh] na [m]bod [m]bríoghmhor
do shanntaigh mo chridhe-se
cuid dá scéalaibh do scríobhadh.

Gé líonmhor bod bráthbhuilleach
do bheith san aimsir romhainn
tá ag fear an uird chrábhaidh-se
bod as chathbharrdha romhainn.

Bod mo shagairt thuarastail
gé atá go fad[a] seasmhach,
ochagán! an [g]cualabhair
an reimhe atá 'na mheacan?

Atá reimhe ro-ramhar
ann sin, is ní scéal bréige;
nocha chuala a chomh-ramhar
ó bhod Fhearghais, is éistibh.

Listen, everyone in the house

Iseabal Ní Mheic Cailéin, Countess of Argyll

Listen, everyone in the house,
to the tales that have been written
of the energetic cocks
with which my heart is smitten.

Forget the death-dealing cocks
so plentiful in the past:
this man of holy orders
has a cock-helmet at least as vast.

Though the cock of my salaried priest
is enduring and long,
ach! have you heard
about the stoutness of his dong?

It is so mightily thick –
I promise these aren't lies –
since Fergus there's been no cock
anywhere near as wide. Listen.

A shagairt na hamhsóige

Sir Donnchadh Caimbeul Ghlinn Urchaidh 1443–1513

A shagairt na hamhsóige
    agus na maoile báine,
um gach pit as tal-óige
    do chall tusa do náire.

Ní fhéadfaidhe a n-ionghabháil
    oraibh na pite maithe,
do-ghéantaoi-se a n-iomlatáil
    [...] is pite saithe,

Ar cheann pite fuairfhliche
    do [...]
do fachfá fá tuairim-se
    cóig mile 's a mhile oiread.

Dá mbeith leabhair dhiadhachta
    san tigh as gearr dod dhoras,
d'fhiarfaighidh a n-iasachta
    ní rachthá cuid ded dhonas.

Priest of the hired woman

Sir Duncan Campbell of Glen Orchy

Priest of the hired woman
    and blessed white tonsure
over every young cunt
    you lost all sense of honour.

From you no one could ever
    protect noble cunts,
you'd treat them just the same
    [as] vulgar cunts.

To find a cunt that's wet and cold
    [and able to calm you]
you would go five miles
    or a thousand.

If the house next door
    held books of theology
you would never borrow them –
    this is part of your evil.

An Bíoball bláith, bionnghlórdha,
    dá mbeith agat 's ad chomas,
is pit fhairsing iomnochta –
    is í do glacfaidhe ar tosach.

Pit óg no pit airsighthe
    ó nach bhfuil tú 'ga cagailt,
gach ainspiorad aimsighthe
    go dtí thugat, a shagairt!

    A sha[gairt].

If you had to hand
    the sweet-tongued, warm Bible
or a wide, naked cunt,
    that's what you would grab first.

Young cunts or ancient cunts:
    since you're frugal with none,
may every brutal demon hunt
    you, priest.

    Priest.

Bod bríoghmhor atá ag Donncha

Sir Donnchadh Caimbeul Ghlinn Urchaidh 1443–1513

Bod bríoghmhor atá ag Donncha,
fada féitheach fíordhorcha,
   reamhar druimleathan díreach,
   sleamhan cuirneach ceirtíneach.

Cluaisleathan ceannramhar crom,
go díoghainn data dubhghorm;
   atá breall ag an fhleascach,
   is e ceannsa [?] go conachtach [?].

Maolshrónach mallghormtha glas,
fuachdha forránach fíorchas;
   go cronánach ceannghorm cruaidh,
   móirbhéimneach i measc banshluaigh.

An fheam tá ag Donncha riabhach,
dar leam, nocha tuilsciamhach –
   síorullamh, a-muigh 's a-mach,
   fíorchruaidh feargach fionnfadhach.

Duncan has a powerful prick

Sir Duncan Campbell of Glen Orchy

Duncan has a powerful prick:
broad-backed, upright, thick,
    long, sinewy, real dark
    slick, wattled, bees-waxed.

Broad-eared, big-headed, bent,
it turns indigo when it's vehement:
    the knob of this young stallion
    can be calm – or act the hallion.

Green, slow-blue, sleek-nosed,
impetuous, oppressive, bellicose,
    blue-headed, blunt, bumbling,
    its whacks send women tumbling.

Grizzled Duncan's equipment
is really not just an ornament –
    it's ever-ready, in and out,
    furious, firm, fit for a rout.

Fomhóir fliuchshúileach faitheach [?],
steallach stuaghach starraighteach;
   bannlamh as a bhalg a-mach –
   an fheamlorg airgtheach fháthach.

Go collach, ciabhach, ciorclach,
dona cursta cuisleannach;
   is fada rámhach 's is rod:
   is annsa linn an rábhod.

   Bod.

Go súghmhor, sáiteach, salach, ·
lúthmhor láidir lomcharrach [?],
   ceannramhar borrfadhach borb,
   druimneach deigheól an dubhlorg.

Sreamaillseach seól an sonn
bhuadhaigheas cath is comhlann;
   go teascaightheach teilgthe te,
   is treabhraighthe fíoch na fleisce.

Wet-eyed, colossal, gigantic
its swash swells like the Atlantic's:
    a fathom long out of its sack,
    his humungous silvery pack.

Round, shaggy and sensual,
evil, sinewy, sinful:
    it foams, is long and stiff-oared;
    we're proud of this prick-fort.

    Prick.

Satisfying, juicy, dirty,
fire-rough, potent, mighty,
    barbaric, fatheaded, massive,
    a ridge-backed, brighteyed blackstaff.

A hero, spunky and skilful,
who wins every brawl and battle,
    hurling itself, hasty and hot:
    oh, the harrowing rage of his rod.

Atá fleasgach ar mo thí

Iseabal Ní Mheic Cailéin, Contaois Oirir Ghaoidheal
†c1510

Atá fleasgach ar mo thí
    a Rí na ríogh go rí leis!
a bheith sínte ré no bhroinn
    agus a choim ré mo chneis!

Dá mbeith gach ní mar mo mhian,
    ní bhiadh cian eadrainn go bráth,
gé beag sin dá chur igcéill,
    's nach tuigeann sé féin mar tá.

Acht ní éadtrom gan a luing,
    sgéal as truaighe linn 'nar ndís:
esan soir is mise siar,
    mar nach dtig ar riar a rís.

There's a young man on my trail

Iseabal Ní Mheic Cailéin, Countess of Argyll

There's a young man on my trail –
    King of Kings, bring him success!
O to have him stretched beside me
    With his chest on my breast.

If this world was as I want it
    We'd be together evermore;
But now there's little chance
    And he doesn't yet know the score.

With no sign of his boat, there can be no joy,
    The tale brings us both pain:
He is east and I am west,
    What we desire won't come again.

Créad dá ndearnadh Domhnall Donn?

Sir Donnchadh Caimbeul Ghlinn Urchaidh 1443–1513

Créad dá ndearnadh Domhnall Donn,
    nó cá poll i roibhe a mhéin?
Nó an bhfuil a fhios ag neach i gcrí,
    créad an ní dhá ndearnadh é?

Gach luibh anuasal 'san bhioth,
    chuaidh sin chuige, ceann i gceann:
min tseagail agus lionn ruadh,
    cac madadh agus fual meann.

Lán cléibhe do bhuachar bó,
    binid mhór i roibhe toirt;
ros an ghafainn cuid dá mhéin,
    is díthean bréan bhíos i ngort.

Bun an chaisearbháin 's a bharr,
    domblas aoi agus garr marc,
chuaidh mar leó chuige go lór,
    agus cuirm mhór do chac arc.

Of what was brown-haired Donald made?

Sir Duncan Campbell of Glenorchy

Of what was brown-haired Donald made,
what mud was in his bones?
Does anybody truly know
from what clay he was thrown?

Every humble plant there is
went into him, head over heels:
dog-shit and kid-piss,
red bile and rye-meal.

A full creel of cow-dung,
a large amount of rennet;
his pith contains henbane seed,
rotten daisies from the allotment.

The dandelion's base and top,
bladder-bile and horse filth,
went into him in huge amounts
with a great feast of pig shit.

Bréanan brothach agus creamh,
    is lus leamh bhíos 'san lón;
galánach ghabhas a bhéal,
    is olc an néal tá ar a thóin.

Mac an Fhleisteir, goilla an chruidh,
    cuirfe mise dhuibh i gcéill,
is do gach duine á bhfuil ar bhioth,
    gur díbh ain do-rinneadh é.

Luighfead ainm Domhnaill Duinn,
    'san talmhain seo a chum Mac Dé
nach faca éan duine a-bhos
    ba dhaoire corp agus cré.

    Créad.

Mangy stinkweed, wild garlic,
the pond's disgusting flora:
of these his mouth gives off a whiff
and his arse an evil aura.

Son of Fletcher, you cow-boy,
I hope my words persuade
you and everyone who exists,
it's from these that he was made.

I'll swear on Donald's name,
on the earth that God's son made,
I never saw any man
of baser body and clay.

What.

Do chuaidh mise, Robart féin

Gun urra

Do chuaidh mise, Robart féin
    do mhainisdear an dé a nunn,
agus níor leigeadh mé a steach,
    ó nach robh mo bhean mar rium.

So I, Robert, went yesterday

Anonymous

So I, Robert, went to a monastery
    Yesterday
But they wouldn't let me in
    Since my wife wasn't with me.

Tánaig long ar Loch Raithneach

Am Bàrd Mac an t-Saoir

Tánaig long ar Loch Raithneach
go h-urchóideach ionnsaightheach,
   go h-aistreach éadtrom earlamh
   fairsing déadlach doidhealbhach.

An long soin do luadhtar linn
níor chum cumadóir romhainn;
   córaide a h-iongnadh d'innse,
   cia a fiodhradh dá foirinnse.

Buird do dhuilleógaibh dreasa
ó chorraibh a caoimhshleasa;
   [ardrach bhan as measa madh]
   tairngí dreasa 'gá dlúthadh.

Reanga láir do luachair chrín,
totaí coiseóga cláirmhín;
   ráimh do sgealbaibh raithnigh ruaidh
   ré gráin na fairge fionnfhuair.

Crann siuil do chuilcnibh calma
ré muir dúrdha danarra;
   tá slat bhréan ar gcúl an chrainn,
   connlán dúr ar a [---].

A ship came on Loch Rannoch

The MacIntyre Poet

A ship came on Loch Rannoch,
aggressive and dangerous,
    light, roving, ready,
    broad, bold, brutish.

A ship such as this
no wright ever wrought;
    who could tell its wonders
    who could describe its timbers?

Planks made from bramble leaves,
from the tips of her gunnels;
    [eight-oared galley of harridans]
    with bramble-caulked rivets.

Withered rush bilge ribs,
thwarts of soft-backed reeds;
    oars of stripped red bracken,
    through the sea's white-cold hate.

A sturdy cane main-mast
fights the sullen, dogged ocean;
    a rotten rod behind the mast,
    a surly crew on her [---].

Cáblaí do chaithibh eórna
ar srothaibh 'ga sírsheóladh;
　　seól sreacbhainn ris an chairbh dhuibh,
　　dheabhaidh searbh ag na srothaibh.

Long na ndrochbhan adeir cách
ris an luing go gcruth neamhghnách;
　　cóir tuilleadh san lucht san luing
　　ré h-ucht tuinne dá tarraing.

Na mná measgacha mórdha
'na deireadh ar droch comhrádh;
　　sál tar a leas annsan luing,
　　freastal gan ádh gan urraim.

Na mná loma náireach soin
ar leabaidh draighin deacair;
　　taom tar a gcois annsan gcairbh,
　　brosnadh air an ghaoith ghléghairbh.

Na mná labhrach ar gach leth
di ar [---] na cairbhe,
　　iona ngurrach ré taobh tonn,
　　gaoth [---] fuighleach focal.

Na mná coitcheann corra soin
ós cionn cáich annsan grann-soin,
　　a ndeireadh ré gaoith na ngleann,
　　dlaoi teineadh fá dtimcheall.

Winnowed barley cables
on endlessly flowing currents;
    a black ship with sheer sails,
    the bitter battle of the tides.

Some call this strange-shaped boat
the ship of evil women;
    it needs more ballast in its hold
    to break the crests of the waves.

A great jumble of women
cursing in the stern;
    the brine breaks over their loins,
    a task with no honour or joy.

Shameless naked women,
on a hard bed of brambles;
    bilge water breaks over their legs
    whipped up by the rough wind.

The gobby women on each side
of the [---] of the vessel,
    hunkered down beside the waves,
    the wind [carrying] word-fragments.

Strange wide-open women
above the others on the mast
    their backs to the glen-winds;
    a wisp of fire around them.

Na mná uaibhreacha uile
i dtopchrann na caomhluinge,
    gan [chadódh] gan chairrge dhe
    acht fairrge ag fadódh feirge.

Torann tréan annsan mhuir mhóir,
Fearg ar iarmhaint an aieoir;
    an cuthach ar cairrgibh clach,
    sruth na fairrge 'gá folach.

Frasa garbha ré gaoth Mháirt,
cairrge loma mán luathbháirc;
    fraoch ar tosgaraibh na dtonn,
    gaoth ag brosnadh má dtiomchall.

Anfadh garbh ré gaoith shneachta
'gá gcasadh mán chuideachta
    go muir téacht as nach tig long,
    sál ag téachtadh má dtiomcholl.

Idir cheann is chois is láimh
gan díoth díola ar na drochmhnáibh;
    ar cích chuan ar cairde a mach
    ar fairrge, fríth bhuan bhadach.

Tá lán Luicifeir i luing
Mheic Cailéin, Donnchaidh dhearccuirr,
    ar ghalraighe ar ghnáth ar dhath,
    do mhnáibh na ndéarna ndatha.

All those proud women
on the topmast of the vessel,
     without [cover] or cliff,
     the sea sparking its anger.

Terrible thunder on a great sea,
stratospheric anger:
     a mad rage of rocks,
     sea-currents hide the boat.

Rough showers in March winds,
bare cliffs surround the fleet boat;
     fury of wave-harbingers;
     the wind roils around them.

Rough billowing wind and snow
gnaws at the crew:
     no ship escapes this icy sea –
     saltwater freezes around them.

Each head and foot and hand,
is the fine these women pay;
     in the doldrums on the sea's teat,
     in an eternal rugged wasteland.

The ship's fill of Lucifers,
son of Cailean, round-eyed Duncan:
     the sickness, habits and colours
     of the palm-painted women.

'S luaineach mo chadal a-nochd

Eachann Mòr MacGill-Eathain †c 1571

'S luaineach mo chadal a-nochd,
    Ge beò mi, cha bheò mo thlachd;
Mo chridh' air searg ann am uchd,
    Air dubhadh mar an gual gu beachd.

'S ann san earrach an seo shìos
    Tha a' bhean as meachaire mìn-gheal cruth;
Deud air dhreach cailce na beul
    'S binne na 'n teud-chiùil a guth.

Mar chobhar an uisge ghlain,
    Mar shlios eala ri sruth mear;
Glan leug mar an cathadh-cur,
    Dh'fhàs mi gun cobhair ad chean.

Ùr-shlat ùr nam fàinne fionn,
    'S do bhàrr air fiamh glan an òir;
Do ghruaidh mar an caorann dearg,
    Air lasadh mar dhealbh nan ròs.

Meòir fhionna air bhasa bàna,
    Uchd solais as àille snuadh;
An gaol a thugas duit ra luathas,
    Ochan nan och! 'S cruaidh an càs.

My sleep is fitful tonight

Eachann Mòr MacLean

My sleep is fitful tonight,
    I'm alive but my pleasure isn't.
My heart's wizened in my chest,
    Like coal it's utterly blackened.

The gentlest woman, a fine-white form,
    Is down here in the Spring
With a mouth full of chalk-white teeth,
    And a voice sweeter than harp-strings.

Like foam on fresh water,
    Like a swan's side by a merry stream,
A pure jewel like drifting snow:
    I grew helpless because of you.

Young fair-haired, ringletted stripling,
    Your hair the clean-lustre of gold,
Your cheek like the red rowan,
    Ablaze like an image of roses.

Fair fingers on pale palms,
    Breasts of light, the loveliest shape,
Love given you is to be praised,
    Ach no, but hard is my lot.

Cha dìrich mi aonach no beann,
    Mo cheum tha air lagadh gu trom;
Iuchair na Cist' tha mar spàirn,
    Tha siud cho ìosal ri m' bhonn.

Mar ghràinne-mullaich an dèis,
    Mar ghallan san òg-choill' a' fàs,
Mar ghrian ri falach nan reult,
    Cha lèir bean eile air do sgàth.

I'll climb no mountain or peak,
　　My step's heavy and weakened,
Even the Key of the Kist's a struggle,
　　Though it's lower than my sole.

Like a sapling in a young forest,
　　Like the corn's top-grain ears,
Like the sun hiding the stars,
　　Beside you other girls disappear.

Soraidh slán don oidhche a-réir

Niall Mòr MacMhuirich c 1550–post 1613

Soraidh slán don oidhche a-réir
    fada gear ag dul ar gcúl;
dá ndáiltí mo chur i gcroich,
    is truagh nach í a-nocht a tús.

Atáid dias is tigh-se a-nocht
    ar nách ceilean rosg a rún;
gion go bhfuilid béal re béal
    is géar géar sileadh a súl.

Tocht an ní chuireas an chiall
    ar shileadh díochra na súl
cá feirrde an tocht do-ní an béal
    sgéal do-ní an rosg ar a rún?

Uch ní léigid lucht na mbréag
    smid tar mo bhéal, a rog mall;
tuig an ní-se adeir mo shúil
    is tú insan chúil úd thall.

Farewell forever to last night

Niall Mòr MacMhuirich

Farewell forever to last night
    far and sharp it slips away;
even if I were to hang for it,
    tonight I'd do it again.

There are two in this house tonight
    whose lids can't hide their desire;
though they're not mouth to mouth
    sharp, sharp are the drops of their eyes.

It's silence that gives meaning
    to the burning look of the eyes:
what good's the mouth's silence
    when eyelashes tell of desire?

Ach, the lying ones won't let
    a peep from my mouth, my dull lash;
understand what it is my eye says
    as you sit over there in the back.

'Cuinnibh dhuinn an oidhche a-nocht
    truagh gan sinn mar so gu bráth,
ná léig an mhaidean is-teach,
    éirigh 's cuir a-mach an lá'.

Uch, a Mhuire, a bhuime sheang,
    ós tú is ceann ar gach cléir,
tárthaigh agus gabh mo lámh –
    soraidh slán don oidhche a-réir.

'Keep the night tonight for us –
    I wish it was always this way;
don't let the morning in –
    get up and put out the day.'

Ach, Mary, my slender wet-nurse,
    the best of all those who write:
come here and take my hand –
    farewell forever to last night.

A Mhic Iain Mhic Sheumais

Nic Còiseam, dathnaid Dhòmhnaill mhic Iain mhic
Sheumais

A mhic Iain mhic Sheumais
Tha do sgeul air m' aire.
   air farail ail ò
   air farail ail ò

Gruaidh ruiteach na fèilleadh
Mar èibhill ga garadh.
   hi ò hi ri ho gi èileadh
   è ho hao rì i bhò
   rò ho ì o chall èile
   bhò hi rì ò ho gì ò ho

On latha thug an cuan ort
Laigh gruaim air na beannaibh.

Laigh smàl air na speuran,
Dh'fhàs na reultan salach.

Latha Blàr a' Chèithe
Bha feum air mo leanabh.

Son of John son of James

Nic Còiseam, the foster mother of Donald MacDonald, son of John, son of James

Son of John son of James
your tale's on my mind.
> *air farail ail ò*
> *air farail ail ò*

Your festive red cheeks
like hot-glowing coals.
> *hi ò hi ri ho gi èileadh*
> *è ho hao rì i bhò*
> *rò ho ì o chall èile*
> *bhò hi rì ò ho gì ò ho*

Since you went to sea
the hills have been sullen.

The skies have been dimmed,
and the stars grown dirty.

At the Battle of Cèith
they needed my darling.

Latha Blàr na Fèitheadh
Bha do lèine na ballan.

Bha an t-saighead na spreòd
Thro' chorp seòlta na glaineadh.

Bha fuil do chuim chùbhraidh
A' drùdhadh thro' 'n anart.

Bha fuil do chuirp uasail
Air uachdar gach fearainn.

Bha mise ga sùghadh
Gus na thùch air m' anail.

Cuma nach do ghabh thu am bristeadh
Latha ligeadh na faladh?

Nam biodh agam curach
Gun cuirinn air chuan i,

Feuch am faighinn naidheachd
No brath an duine uasail,

No am faighinn beachd sgeula
Air ogha Sheumais a' chruadail

At the battle of Fèitheadh
your shirt was blood-splattered.

The arrow was jutting
from your agile white body.

The blood of your sweet chest
had soaked through the linen.

The blood of your proud body
covered the land:

and I sucked it up
till it choked my breath.

How were you not broken
on the day of blood-letting?

If I had a coracle
I'd put her to sea,

to try and get word
or news of the noble,

to hear the story
of hardy James's grandson

A chuir iad ann an crìochaibh
Eadar Niall is Sìol Ailein.

'S nam biodh agam dorsair
Gum fosglainn a-mach thu,

No gille math iuchrach
A thruiseadh na glasaibh.

who they put in the bounds
between Neil and Clanranald.

If I had a door-keeper
I would let you out,

or a boy good with keys
who'd collect the locks.

Ailean Dubh à Lòchaidh

Gun urra

'S toil leam Ailean Dubh à Lòchaidh
Mo ghaol Ailean Donn a' chòta,
'S toil leam Ailean Dubh à Lòchaidh.

Ailein, Ailein, 's ait leam beò thu.
Sguab thu mo sprèidh bhàrr na mòintich,
Loisg thu m' iodhlann chorca is eòrna,
Mharbh thu mo thriùir bhràithrean òga,
Mharbh thu m' athair is m' fhear-pòsta,
'S ged rinn thu siud 's ait leam beò thu.

Black Alan from Lochy

Anonymous

I like Black Alan from Lochy
My love Brown Alan of the topcoat,
I like Black Alan from Lochy.

Alan, Alan, I'm glad you're alive.
You swept my cattle off the moor,
you burnt my stacks of oats and barley,
you killed my three young brothers,
you killed my father and my husband;
despite this, I'm glad you're alive.

Bho Tùirseach dhuinne ri port

Alasdair Mac Mhurchaidh †c1643

Nì air mhath mo ghnothach na chùirt
Nach fhaighinn mùirn bho na mnài.
De dhìth 's nach eil mo [---] cruaidh
'S e gheibheam fuath airson gràidh.

From We go sadly to port

Alexander MacKenzie

My business is no good in his court –
From the ladies I'd get no delight;
Because my [---]'s not hard
For my love I'd get hate tonight.

Duanag do Dhòmhnall Chana

Gun urra

Na h-uile rud bhios orm a dhìth
Gum faigh mi fhìn o m' leannan e.

> *Hi rì hil ò, hug ò rin ò,*
> *Hi rì ho rò mo Chalman.*

Mo ghaol an làmh nach eil crìon:
Bheir dhomh gach nì on cheannaiche.

Ribeanan air uachdar mo chinn,
An càradh grinn air anartan.

Paidirean mu m' mhuineal bàn
Dh'fheuchainn 'm b' àillte sheallainn e.

Sguiridh mi don t-suirghe gu bràth,
 'S cha mhòr gum b' fheàrr dhomh teanna' rith'.

Ge b' fhada bha sinn air a sgàth
Cha chluinnte pàist' a' gal againn.

Labhair mo leannan le bàigh,
'A ghràidh, na fàg mi sgannalach.

A Small Song for Donald of Canna

Anonymous

Every little thing I lack
I'll get back from my lover.

> *Hi rì hil ò, hug ò rin ò,*
> *Hi rì ho rò my Dove*

My lover's hand's not stingy:
I get everything from the shops.

Ribbons for the crown of my head,
Neatly set on linen.

A rosary round my fair throat:
I'd boast about that the most.

I'll give up flirting forever;
I need never start at all.

Though we were long at it
We heard no baby crying.

My lover said with fondness
'My love, I want no scandal.

Na leig m' uireasbhaidh fos 'n-àird,
'S cha phàigh thu màl no gearradh dhomh.'

Chan eil Caimbeulach tha beò
Nach fòghnadh Dòmhnall Chana dha.

Don't let my mistake grow up,
And you'll pay no cut or rent.'

There's no Campbell alive
Can rival Donald Canna.

Òran Gaoil

Gun urra

Tha cruth fada, aghaidh bhàn
Air eudann nach nàir r'a fhaicsinn,
'S binne 'n t-òran thig o d' bheul
Na na bheil do theudan aca.

    Tha mi tinn, tinn, tinn,
    Tha mi tinn o chionn seachdain;
    Tha mi sgìth 'n dèidh do ghaoil,
    'S mòr a' chlaoidh thug e 'm phearsainn.

Liopan tana is deud dhlùth
Air a' ghnùis a dh'fhàs maiseach,
Dà rosg shèimh a dhruideas ciùin
Timcheall sùil mar [an] Dearcag.

Cìochan corrach as glan fiamh
Air a' chliathaich ghil mhaisich,
Gur mòr a b' annsa bhith riut sìnt'
Na bhith leughadh Bìoball parsoin.

Love Song

Anonymous

It's no shame to look at your face
With its long shape and fair forehead;
Your mouth is as sweet when it sings
As the music of their harpstrings.

> *Chorus:*
> I am sick, sick, sick,
> I have been sick for a week.
> I'm sick because of your love –
> It's wounded my body deep.

Slender lips and perfect teeth,
A face that has grown lovely;
Two soft lids that gently close
Around eyes like berries.

Pert breasts which look pure
With slopes that are white and beautiful;
I'd rather stretch out beside you
Than read a parson's Bible.

'S bachlach cùl dualach do chinn,
Ribeanan sìoda ga phasgadh,
Cùl nach costach air na cìribh,
B' ait leam fhìn bhith ga phleatadh.

Meur as grinn' air snàthaid chaoil,
Thogadh caochladh gach fasain;
Chan eil Baintighearn' òg mun cuairt
Nach tog thu suas ann ad chleachdainn.

Rìgh! Gur maith thig stocaidh bàn
Mu chalpa nach àbhaist fhaicsinn;
Troigh shocair mun druidear bròg,
Nach lùb feòirlean air faiche.

An turas a chaidh mi mu thuath,
Chaill mi buannach a' phacaidh;
Mun tàinig mi air mo chuairt
Thug iad uam thu, 's bu chreach e.

Ach ge tric mi dèanamh ciùil duit,
Is gad dhùsgadh air madainn,
'S ann thionndaidh thu rium do chùl
'S thagh thu grùdair na praise.

Your hair is ringed and curly,
Tied up with silken braids:
So soft it doesn't wear out combs –
I'd so much like to plait it.

Fingers so skilled with pins
They can follow any fashion;
There's no young Lady in these parts
Who wouldn't copy your habits.

God! White stockings hug so close
To a calf that's rarely seen;
Your gentle foot, even in a shoe,
Wouldn't bend the grass of the fields.

The time I went to the North,
I lost the profits of my pack:
I was plundered, they took you away,
Before I could get back.

Though I often make music for you,
That would wake you in the morning,
You turned your back on me,
And chose the distillery's mashman.

Nam faiceadh tu Ruairidh Caol,
Mar an t-Aog a' tigh'nn seachad,
Corp tana nach caith am biadh,
Fear nan ciabhagan glasa.

Ge nach dèan mi braich air lòn,
'S gun ach cuir mi eòrna mach dhuit,
Chumainn aran riut ri d' bheò,
Agus còmhdach mu d' phearsainn.

Ghaolaich, na biodh ortsa mì-thlachd
Ge nach eil mo nì air acha';
Bheirinn dachaigh às an t-Suain
Rud a b' fheàrr na buaile mhart duit.

If you could see Skinny Roddy,
Looking like Death going past,
So thin that he barely needs food:
The man of the grey sideburns.

Though I can't make malt on a pond
Though I can't sow barley for you:
I'd keep you in bread all your life
With fine clothes to cover your body.

My love, please don't be annoyed
Though I've got no cows in the field;
I'd bring you home from Sweden
Something better than a cattle-fold.

Tha tighinn fodham èirigh

Iain mac Dhùghaill mhic Lachlainn †post 1715

Tha tigh'nn fodham, fodham, fodham,
Tha tigh'nn fodham, fodham, fodham,
Tha tigh'nn fodham, fodham, fodham,
Tha tigh'nn fodham èirigh.

Siud an t-slàinte chùramach,
Òlamaid gu sunndach i,
Deoch-slàinte an Ailein Mhùideartaich:
    Mo dhùrachd dhuit gun èirich.

Ged a bhiodh tu fada bhuainn,
Dh'èireadh sunnd is aigne orm
Nuair chluinninn sgeul a b' aite leam
    Air gaisgeach nan gnìomh euchdach.

'S iomadh maighdeann bharrasach
Dom math a thig an earrasaid
Eadar Baile Mhanaich
    'S Caolas Bharraigh a tha 'n dèidh ort.

Tha pàirt an Eilean Bheagram dhiubh,
Tha cuid san Fhraing 's san Eadailt dhiubh,
'S chan eil latha teagaisg
    Nach bi 'n Cille Pheadair treud dhiubh.

It comes to me to rise

John MacDonald

It comes, comes, comes to me,
It comes, comes, comes to me,
It comes, comes, comes to me,
    It comes to me to rise.

A salute that is solicitous,
Let us drink it happily,
A toast to Alan Moidart,
    I hope that you will rise.

Though you were away from us,
My mind and spirits rose
When I heard the pleasing tales
    Of your heroic deeds.

There are many lofty ladies
Who well become the mantle
From Barra Sound to Balavanich
    Who all are after you.

There are some in Beagram Island,
Some in France and Italy,
And every day of catechism
    Brings a horde to Kilpheder.

Nuair chruinnicheas am bannal ud,
Brèid caol an càradh crannaig orr',
Bidh fallas air am malaidhean
    A' danns' air ùrlar dèile.

Nuair a chiaradh air an fheasgar
Gum bu bheadarach do fhleasgaichean,
Bhiodh pìoban mòr' gan spreigeadh ann
    'S feadanan gan gleusadh.

Sgiobair ri là gaillinn thu
A sheòladh cuan nam marannan,
A sheòladh long gu calachan
    Le spionnadh ghlac do threun-fhear.

Sgeul beag eile dhearbhadh leat
Gur sealgair sìthne 'n garbhlaich thu
Le d' chuilbheir caol nach dearmadach
    Air dearg-ghreigh nan ceann eutrom.

B' e siud an leòmhann aigeannach
Nuair nochdadh tu do bhaidealan
Làmh dhearg is long is bradanan
    Nuair lasadh meanma d' eudainn.

When that gaggle gets together
In their band-shaped slender shawls,
There'll be sweat in their eyebrows
    As they dance on the deal floors.

And when the dusk falls
Your lads would be flirtatious,
Great pipes would incite them,
    Their chanters being tuned.

A skipper in a gale
Who'd sail the oceans and the seas,
Who'd sail a ship to harbour
    With a hero's strength of hand.

You could confirm another tale:
When hunting deer on rough ground,
Your slim musket never misfires
    At the red herd of dizzy heads.

The lion rampant was there
When you revealed your banners:
The red hand and ship and salmon
    When boldness flushed your face.

An Obair Nogha

Seòras MacCoinnich c 1655–post 1730

Thogas uiridh eile
  Nach èibhinn an Obair-Nogha!
Thogas uiridh eile
  Nach èibhinn an Obair-Nogha!
Thogas uiridh eile
  Nach èibhinn am Boga-Nogha!
Their gach tè ri chèile,
  'B' e m' eudail a bheireadh dhomh e!'

Gun do labhair Màiri:
  'Mo ghràdh-s' air a' Bhoga-Nogha.
Do bheatha 's do shlàinte!
  Tha stàball agam fa do chomhair.
'S tric a shuidh mi làmh riut
  'S a sgaoil mi mo chasan romhad,
'S air na h-uile sràc
  Bhiodh a dhà ann is gille leotha.'

The New Work

George MacKenzie

Raise it one more time
   Hooray for the new work!
Raise it one more time
   Hooray for the new work!
Raise it one more time
   Hooray for the new bow!
The girls all tell each other
   'My lover gives it to me!'

Mary was the first that swore
   'I adore the New Bow.
Your health and your life!
   I've a stable here before you.
I've often sat beside you
   Spread my long legs out for you:
At every one of your strokes
   A pair's yoked there with a gillie'.

Thuirt Iseabail an àirigh
    Ri màthair gun robh i toileach
Dhol do thaigh a' Bhàillidh
    Chur fàilt' air a Bhoga-Nogha.
'Mura tèid e an sàs
    Mar bu ghnàth leis a dhèanamh roimhe,
Laighidh mi air làr
    Gus am feàrr a nithear an gnothach.'

Thuirt Ealasaid a' Mhaoir –
    'Tha mo ghaol-s' air a Bhoga-Nogha,
Glèidhidh mi dhomh fhìn e
    Gun mhìr do thè air an domhan.
Innsidh mi dhuibh aogas
    'S chan fhaod nach dèan sibh a mholadh–
Sùil an clàr an aodainn
    'S braoisg air a cheanna-roimhe.'

Thuirt nighean Ruairidh Fhearchair,
    'O! Dh'eirmis iad mi le geadha.
'S ann leam fhìn bu shearbh e.
    Gu dearbha b' e 'n obair-*neagha*!
Iain 's e na chaonnaig
    Mar laos-boc a' ruith le leathad.
Fallas air mo mhaodail.
    'S chan fhaodadh e leigeadh leatha.'

Isabel from the sheiling
     Told her mother she was willing
To go to the Factor's seat
     And greet the New Bow.
'If he isn't quite as keen
     As he has been in the past,
I'll lie down on the floor
     To make it less of a chore.'

The Bailiff's daughter Lizzie
     Said 'I'm dizzy for the New Bow,
Let other women go to feck
     I'll keep each speck for myself.
And you too will cheer
     When you hear what it looks like:
On its front it has an eye:
     A giant smile across its face.'

Roddy Farquhar's daughter's turn:
     'They churned me with a boat-hook.
For me it was torture:
     There's no cure for my cramps.
John was off his head
     Like a wedder, loose, downhill:
On my belly, sweating,
     He couldn't let it go.'

Sin dar a thuirt Mairearad –
    'Tha m' earball air gabhail teine –
'Ille, nam biodh cearb ort,
    Tha dearg air cìrean mo choilich.
Nam faighinn gu mo dhearbhadh,
    Mo ghearra-bhod 's mo phaidhir pheallaid,
'S mise bhiodh gu h-èibhinn
    Nuair leumadh an acfhainn deiridh!'

Ach seo mar thuirt nigh'n Eòghainn –
    'O bhou! Mar tha mi fodham,
Triallaidh mi do Chromba
    A shealltainn air m' Obair-Nogha;
Tha mo ghiullan òg ann
    'S bha eòlas agam air roimhe
'S gheibh mi na seachd òirlich –
    'S an còrr ma bhios e fon tomhas!'

Then came Margaret's tale:
    'Boy, my tail's on fire!
Don't be so awkward –
    My cockscomb's turning red.
If I could just test the wick
    Of my wee prick and pair of pellets,
I would be ecstatic
    When his rear tackle sparks to life.'

Now Ewen's daughter says:
    'Hell! The way I feel down there,
I'll head off to Cromarty
    And see to my New Work.
I'll meet up with my sweetheart
    Whose parts I've trawled before:
I'll get a full seven inches
    At a pinch, and maybe more!'

An Aghaidh na h-Obair Nodha

Sìleas na Ceapaich c 1660–c 1729

Is mise th' air mo bhòdhradh
    Le tòghnadh na h-Obair Nodha,
Ag èisteachd nan daoine
    A' laoidh mar nì iad an gnothach;
B' fheàrr leam bhith às aogais
    Gu m' aois, gus am bithinn gnothaist,
Na bhith 'g èisteachd an sgèil ud –
    Mar leumas iad air na mnathaibh.

Ged bhithinn-sa nam ghruagaich
    Cho uallach 's a bha mi roimhe,
Cha chluinnte ri m' bheò mi
    Cur tòir air an Obair Nodha;
Mur faighinn fear-pòsta
    Le deòin a dhèanadh mo ghnothach,
Cha bu diù leam cuairt
    Do dh'fhear fuadain a shiùbhladh roimhe.

Against the New Work

Julia MacDonald

I've had it up to my ears
　　With people cheering the New Work,
The drone of the men
　　Singing how they ken the business;
I'd prefer to let it be
　　Till I'm hoary and used up,
Than listen to them speaking
　　About leaping on the girls.

Even if I was still proud
　　And as loud as I once was,
On my life, you'd not see me
　　Seeking out this New Work:
Even if I'd no husband
　　Man enough to please me
I wouldn't stoop to visit
　　A sleekit one-night-stand.

Mo chomhairle san tìm sa
    Do nìonaig i bhith gu taigheach;
Bhith gu teisteil dìomhair
    Gun mhì-mhodh idir a ghabhail
O na gillean òga
    Air bhòidhchead sam bi an labhairt,
Ach gun dèan sibh còrdadh
    Pòsadh is dol a laighe.

Mo chomhairle ri m' bheò dhuibh
    Na h-òganaich uile sheachnadh,
Gun am fulang dàna
    An cainnt no 'm briathran fachaid;
B' fheàrr leam dol thar sàile
    Don àite riamh nach fhacas
Na bhith 'g àrach phàistean
    Do ghràisg nach fhuiling am faicinn.

Bidh mionnan agus briathran
    'S mì-chiataidh an dèidh a leithid,
Bidh gul agus caoidh ann,
    Is caochladh na h-uile latha;
Bidh cùram air càirdean,
    Bidh cràdh aig màthair is athair –
'S mo nìonagan gaolach,
    Bithibh cuimhneach air na tha mi 'g ràdh.

My advice to the young girls
   Is these days to be domestic,
Mysterious and chaste,
   Best ignore the mischief
That you get from the fellas
   When they blether about beauty;
Make them agree to wed you
   Before you spread out your booty.

On my life, I'd advise you,
   To eschew all the young men,
Pay no heed to their sweet talk
   Their mockery or cheek;
I'd rather go overseas,
   To a *terra incognito*,
Than have children with a reject
   Who would neglect their kids.

For this leads to enmity,
   Profanity, cursing:
There'd be tears and regret
   And fretting every day.
While their parents are fighting,
   Your kids might flee to your family:
So girls – though love brims o'er –
   Don't ignore what I say.

Bidh ministearan 's clèir ann
    Gur n-èigheadh a-staigh gu h-eaglais –
Chan fhasa dhuibh na h-èildearan
    Nuair as èiginn duibh thighinn gu seisean;
Chan fhaigh sibh ràdh-èisteachd,
    Ur beusan cha dèan ur seasamh;
Is bheir sibh mòran nàire
    D' ur càirdean mur bi sibh teisteil.

Mo nìonagan bòidheach,
    Nam b' eòlach sibh mar mise
Mun a' bhrosgal bhrèige
    Seal mun èirich air a' chriosan,
Gheibh sibh gealladh pòsaidh
    Nuair thòisicheas boga-bhriseadh,
'S nuair a gheibh e 'n ruaig ud:
    'Bheir uam i! Chan fhaca mis' i!'

Nuair thèid sibh chun na fèille
    Na gèillibh do luchd nan gibhtean –
Innsidh mi dhuibh reusan
    As feudail nach coisinn meas iad:
Ged a gheibh sibh làimhnean,
    Fàinne, no deise ribean,
Is daor a nì sibh phàigheadh
    Nuair dh'àrdaicheas air a' chriosan.

The ministers and clergy
    Will urge you to the church:
Brought before the session,
    You'll get no compassion from the elders:
Your virtues won't protect you,
    The court will reject your pleas;
If you lose your spotless name
    You'll bring shame upon your kin.

My lassies, braw and cute,
    If you knew all that I know
Of how they flatter and lie
    Before they pry loose your belt,
You'd make them promise to wed you
    When the soft petting starts;
If the hunt reaches its aim
    They'll proclaim: 'No, I won't see her again!'

When you go to the markets
    Don't be fankled by their gifts –
For then you'd be a treasure
    Worth no pleasure or due.
Although you might get rings,
    Foreign gloves or ribbons,
You'll pay over the odds
    When they paw open your belt.

Ged a thèid sibh chun na bainnse
      Na sanntaichibh luchd na misge –
Ged robh mòran cainnt' ann
      San àm sin gur beag an gliocas ...

Bheirinn dhuibh mo sheòladh
      'S ri 'r beò nan dèanadh sibh a ghabhail,
Cha chuireadh sibh dèidh
      Orra fhèin no air an Obair Nodha;
Bidh iad brionnach breugach
      Ma ghèilleas sibh ullamh romhpa,
Is nan gabhadh sibh mo sheòladh
      'S e 'm pòsadh a dhèanadh gnothach.

Chì thu gruagach rìomhach
      Is crios sìod' oirre 'n ceangal,
Ach meallar i os n-ìosal
      Is strìochdas i dhan a' ghnothach;
Dannsaidh i air ùrlar
      Gu sunndach an dèidh a leithid,
Ach nuair a thig am pàistean
      B' fheàrr bhith mar bhà i roimhe.

When you go to a wedding
    Don't be misled by the drinkers
Though they'll be full of craic
    They'll sore lack in wisdom...

So I give you my guidance,
    And if by chance you take it
You'll not lust after louts
    Or try out their New Work:
They'll flatter and be fake
    And then take what they want.
So what I endorse is marriage:
    Only that will do the job.

Look at that lovely lass,
    A silk sash tied around her,
She was tricked in private
    Capitulated to the deed;
Though now, smiling and laughing,
    She dances after the business,
When the baby arrives
    She'll cry to be as she once was.

Tha ceist nam ban air Ruairidh
    Chuir buaidh air an Obair Nodha,
Is iomadh gruagach uallach
    Le suairceas tha teachd ma chomhair,
Dùil aca gum b' fheàirrd' iad
    Càirdeas na h-oba nodha –
Ach 's ann a bheir i tàir orr'
    Nach fhàg iad ri fad an latha.

Beir fios uam gu Sìne
    Gur dìomhain di cuid dh' a gnothach
Dar a chuir i 'n dùthaich
    Fo chùram na h-Obair Nodha –
Ged tha mise 'm bhanntraich
    Cha sanntaich mi dol ma comhair
Le cùram mo phàistean
    As cràidhtiche leam fon domhan.

Beir fios uam gu Seumas
    E fhèin a dhèanamh a ghnothaich
A sheana-bhog a thrèigeadh
    'S bhith rèidh ris an Obair Nodha;
An oba nodha sgiùrsaibh
    Don dùthaich an robh i roimhe,
Far am bi i dìomhair
    Aig nìonagaibh Ghlinne Comhann.

The girls all want Rory
     Who glories in the New Work;
They are lively and fulsome
     And when they come to him, demure:
They expect to be well off
     When they learn of the New Work –
But it'll bring them disgrace
     To abase all their days.

Take my warning to Jane
     That her endeavours were in vain
When she put all the land
     In the hands of the New Work;
Though I'm a widow
     I've no desire to go at it:
Looking after children
     Brings all the pain in the world.

Take my warning to James
     Who plays games with the business:
Give up your old ding-a-ling
     Don't cling on to the New Work;
Let the New Work be drummed
     Back to wherever it comes from:
Let it always be a secret
     Among the girls of Glencoe.

Comhairle air na Nigheanan Òga

Sìleas na Ceapaich c 1660–c 1729

An toiseach m' aimsir is mo dhòigh ri bargan
Gun robh mi 'g earbsa nach cealgte orm;
Cha chòmhradh cearbach air ro-bheag leanmhainn
Bho aois mo leanbaidh chaidh fheuchainn dhòmhs';
Ach nis bho chì mi cor nan daoine,
An comann gaolach gur faoin a ghlòr,
Cha dèan mi m' aontadh ri neach fon t-saoghal;
Chan eil gach aon dhiubh air aon chainnt beòil.

Nach fhaic sibh òigear nam meall-shùil bòidheach,
Le theangaidh leòmaich 's e labhairt rium?
Le spuir 's le bhòtan, le ad 's le chleòca,
Le chorra-cheann spòrsail an òr-fhuilt duinn;
Saoilidh gòrag le bhriathraibh mòrach
Ga cur an dòchas le glòr a chinn:
'A ghaoil, gabh truas rium 's na leig gu h-uaigh mi;
Do ghaol a bhuair mi bho ghluais mi fhìn.'

Advice to Young Girls

Julia MacDonald

When I was young and weighing a bargain
I had faith I'd not be deceived:
In my childhood I'd never heard
Twisted words you couldn't believe.
Now I see what people are like,
How love's fellowship's based on vain words
That for no two men mean the same thing –
I'd hook up with no man in the world.

Take this loving, leering-eyed laddie
Chatting me up with his arrogant tongue,
His spurs and boots, his hat and his cloak,
He's dirty-blonde, giddy and young.
His conceit would make silly girls think
They can trust in his elegant lies:
'My love for you's ruined my life;
Love, pity me, don't let me die'.

'Le d' theangaidh leacaich nam briathran tearca,
'S e saobhadh d' fhacail dh'fhàg sac gam leòn;
Gu bheil mi 'g altram am thaobh an tacaid
A rinn mo ghlacadh 's mo ghreas fon fhòid.'
Mar shamhladh dhà siud gaoth a' Mhàirt ud,
Thig bho na h-àirdibh 's nach taobh i seòl:
Nuair gheobh e mhiann di gun toir e bhriathra
Nach fhac' e riamh i, 's car fiar na shròin.

Na geallan breugach air bheag reusan,
Fallsail, eucorach, neo-ghlan rùn,
Air eagal bhreugan no masladh fhaotainn
'S ann leam nach b' èibhinn taobhsan riuth';
A chlann, na èistibh rin glòr gun èifeachd,
'S na toiribh spèis do fhear caogaidh shùil;
Gur h-adhbhar reusain dhuibhs' an trèigeadh –
'S ann annta fhèin a bhios gnè nan lùb.

Bha mi uair nuair a bha mi 'm ghruagaich
Gum faighinn uaigneas gun fhios do chàch;
Mar shamhladh bruadair an-diugh ga luaidh rium,
Gun dad de bhuannachd ach buaidh mar ghnàth,
Na geallan glè-mhòr a gheobhainn fhèin bhuap'
Air chor 's nach trèigeadh iad mi gu bràth;
A-nis is lèir dhomh na rinn mi dh'eucoir
'S a' mheud 's a dh'èist mi d' am breugan bàth.

'I'm hurt and burdened by your double-talk,
Flagstone tongue and curt asides;
You're hurrying me under the turf
With the dart I nurse in my side.'
But like those winds in March
That buffet skies but fill no sails,
He'll turn up his nose when he gets what he wants;
He doesn't know her, he'll maintain.

False promises based on no reason,
Unsavoury motives and unjust lies;
For fear of the shame and the scandal,
I'd get no pleasure in taking their side.
Young girls, ignore winking men,
Pay no attention to their false bravado;
It's their nature to be lewd and perverse –
Good reason to give them the heave-ho.

Back when I was still a young woman
I'd seek solitude, away from them all;
Those days now seem like a dream
As substanceless, as ephemeral.
From men I'd get huge, splendid promises
Vowing that they'd never leave me;
Now it's clear that I did myself wrong
By listening to so much dishonesty.

Ach a fhearaibh òga, ge mòr nur bòlaich,
'S math 's aithne dhòmhsa cuid mhòr d' ur gnàths:
Gu barrail, bòidheach sibh tighinn am chòmhdhail,
Ler teangaidh leòmaich 's ler còmhradh tlàth;
Ghabhte ceòl leibh an aodann gòraig,
'S mur bi i eòlach gun gabh i à:
Nuair bhios e stòlda 's nuair gheobh e leòr dhi,
Gum bi Ochòin aic' an lorg bhith bàth.

A ghruagach chèillidh na creid fhèin iad,
An car-fon-sgèith sin bhios ann an gràdh;
Chan eil san t-saoghal nach creid an saoradh,
Ach 's mise dh'fhaodadh a chaochladh ràdh;
Taobh an inntinn mar as cinnteach,
Is theirig aotram air ghaol thoirt dàibh:
Dh'aindheoin fhacail 's a bhriathra brosgail,
Na dèan do lochd leis an t-sochar-dhàil.

A ghruagach dheud-gheal an fhuilt theud-bhuidhe,
Cum do cheutaidh fo d' cheud-bharr ùr;
Na creid am breugan 's na tog droch-sgeula,
Ged robh fear leumnach nan dèidh mar chùl;
Dh'aindheoin uaigneis is raspars uasal,
Na leig e 'n uachdar air chruas a ghlùin,
Ach cum e 'n ìochdar ge b' oil le fhiacaill,
Mur toir e bhriathar gur fhiach leis thu.

Young men, though your bragging's great,
I'm accustomed to your wicked ways:
You act genteel and fawning when with me,
With glib tongues and mellow sway;
You'll play music for pretty young girls,
And if they're naïve, you will take them in:
But when you're finished and had your fill
They'll cry *Alas!* for being foolishly vain.

Sensible girls, don't believe them,
Deceit hides in their affections;
The whole world'd have them acquitted
With just me for the prosecution.
Trust your intelligence, the surest thing
When in love, and always tread lightly:
Don't be misled by flattering friendships:
Their talk's false and their words are flighty.

Girl of white-teeth, harp-string-gold hair,
Keep your affections tightly locked up,
Don't fall for their lies or their tall stories,
No matter how leapingly they're backed up.
Don't give him control (despite his hard knees),
Ignore your loneliness and his pretensions;
Keep him down (in spite of his teeth),
Till he proves he rates your attention.

Am fear a thriallas a dhol a dh'iarraidh
Na mnà as miannaiche bhios da rèir,
Gur cailinn shuairc i nach fhuiling mì-stuamachd,
Na dhol an uaigneas le neach fon ghrèin;
Mar shamhladh bhà siud, a bhrìgh a nàire,
Dhol nas dàine na mànran bèil;
Bheir fear gun riaghailt an sin a bhriathar
Gu bheil i fiadhta 's nach fhiach a gnè.

Ma bhios i glèidhteach air nì 's air feudail,
Their fear gun reusan gum bi i crìon,
'S ma bhios i pàirteach air nithe àraidh,
Gun abair càch rith' gum b' fheàirrd' i ciall;
An tè tha stròdhail, cha bhuin i dhòmhsa
Mar chèile-pòsta bhon tha i fial;
Gur cailinn shàmhach nach fhuiling tàmailt,
A mòid no mànran an-àirde miann.

The man who goes far to get what he wants
Will want a polite girl, and so will shun
Those who are immodest, and who wander off
With anyone under the sun;
He'll want a girl who's shy, who says no
If asked, when flirting, to be bolder:
And men with no morals will claim
She's sullen and not worth the bother.

If she's frugal with stock and with kine
The unjust man will say she's tight-fisted;
But if she's generous with her fine goods
Others will say she's slow-witted;
I wouldn't marry a big-spending girl
Because of her loose generosity:
But a quiet girl who'd run from disgrace,
Whose speech rings clear with nobility.

Bho Tha mo chridhe mar chuaintean

Sgàire MacAmhlaigh c 1667–c 1737

Fuaim orghain no fidhle,
Ceòl torghain nam pìoba 's na teud,
   Cha do sheinneadh an sìothbhrugh
Ceòl as binne na pìoban do chlèibh:
   Gaoth mar lusan na frìthe
Tigh'nn bho uinneagan mìne do bhèil,
   Bilean bath-bhriathrach àlainn
Aig an rìbhinn as cnàimh-ghile deud.

   'S ceart cho geal tha do bhràghad
Ri canach no tràth-shneachd air gèig,
   'S corrach mìn tha na tulaichean
Dh'fhàs nam mulain air mullach do chlèibh;
   Basan finealta bàna,
Meòir ghrinn-chaol gam b' àbhaist cur grèis
   Air seudan le òr-shnàth
Dealbh ìomhaigh gach eòin is gach gèig.

From My heart is like oceans

Zachary MacAulay

The notes of fiddle or organ,
The turling music of pipes and strings,
The noises that came from fairy mounds,
Are not as sweet as the sound when you sing.
Wind like herbs on the moorland
Comes from your mouth's sweet window:
She's got beautiful warm-worded lips,
The girl with teeth white as bone.

Your breasts are as white as bog-cotton,
As the snow on a waxwing's nest;
Tender and pert are the peaks,
The corn-stacks that grow from your chest;
Your palms are elegant and fair,
And your fingers so deft with gold thread
As you embroider in the finest jewels
Images of each branch and bird.

Slios sèimh mar an canach,
Corp seudail mar eal' air an t-snàmh,
    Calpa cruinn ann an steumhan,
Troigh eutrom is cumadh air sàil;
    Mar shamhail do mhòrchuis
Chan aithne dhomh 'n còrr ort ri ràdh,
    Cha bheag is cha mhòr thu –
Anns gach aon nì gu leòr ort gun bhàrr.

Your side is as smooth as bog-cotton,
Your body jewelled like a swan taking flight;
    You're light-footed and shapely-heeled,
Your round calves look stunning in tights.
    When I try to describe your splendour
I don't know what more I can say.
    You're not big, you're not small, you're not bettered –
You're enough, in every way.

Is trom leam an àirigh

Rob Donn MacAoidh 1714–1778

Is trom leam an àirigh 's a' ghàir seo a th' innt'
Gun a' phàirtinn a dh'fhàg mi bhith 'n-dràst' air mo chinn –
Anna chaol-mhalach chìoch-chorrach shlìob-cheannach chruinn
Is Iseabail a' bheòil mhilis, mhànranaich bhinn.
Heich! Mar a bhà air mo chinn,
A dh'fhàg mi cho cràidhteach 's nach stàth dhomh bhith 'g inns'.

Shiubhail mis' a' bhuaile 's a suas feadh nan craobh,
'S gach àit' anns am b' àbhaist bhith pàgadh mo ghaoil;
Nuair chunnaic mi 'm fear bàn ud 's e mànran r' a mhnaoi
B' fheàrr leam nach tiginn idir làimh riu', no 'n gaoith –
'S e mar a bhà, air mo chinn,
A dh'fhàg mi cho cràidhteach 's nach stàth dhomh bhith 'g inns'.

On chualas gun gluaiseadh tu uam leis an t-saor
Tha mo shuain air a buaireadh le bruadraichean gaoil,
Den chàirdeas a bhà siud chan fhàir mi bhith saor –
Gun bhàrnaigeadh làimh riut tha 'n gràdh dhomh na mhaor,
Air gach tràth 's mi ann an strì
A' feuchainn r' a àicheadh 's e fàs rium mar chraoibh.

I'm depressed by the sheiling

Rob Donn Mackay

I'm depressed by the sheiling and the laughing inside,
The party I've left still troubles my mind:
Anna with the sleek hair, pert breasts, round behind,
Isobel, sweet-talking, whispering, refined.
Aich! The state of my mind –
I'm not cured by talking, I'm aching inside.

I wandered the paddock and up through the trees
To all of the places we'd go on a spree,
Overheard a blonde bloke and his wife's pleasantries;
No wish to be seen, I passed them down-breeze.
That was the state of my mind –
I'm not cured by talking, I was aching inside.

Since I heard the joiner would steal you from me
My sleep's been broken by love-baffled dreams.
Yon affair now means I'll never be free:
Without your summons, love's a bailiff to me.
All day long I'm besieged:
I try to deny it, but it grows like a tree.

Ach Anna Bhuidhe nighean Dòmhnaill, nam b' eòl duit mo nì
'S e do ghràdh gun bhith pàight' leag a-bhàn uam mo chlì;
Tha e dhomh à d' fhianais cho gnìomhach 's nuair chì,
A' diogalladh 's a' smùsach gur ciùrrtach mo chrìdh –
Nis ma thà mi ga do dhìth
Gum b' fheàirrde mi pàg uait mus fàgainn an tìr.

Ach labhair i gu fàiteagach àilgheasach rium:
'Chan fhàir thu bhith làimh rium do chàradh mo chinn –
Tha sianar gam iarraidh o bhliadhna de thìm
'S cha b' àraidh le càch thu thoirt bàrr os an cinn.
Ha ha hà! An d' fhàs thu gu tinn?
'N e 'n gaol-s' a bheir bàs ort? Gum pàigh thu d' a chinn!'

Ach cionnas bheir mi fuath dhuit ged dh'fhuaraich thu rium?
Nuair as feargaich' mo sheanchas mu d' ainm air do chùl,
Thig d' ìomhaigh le h-annsachd na samhladh nam ùidh:
Saoilidh mi 'n sin gun dèan an gaol sin an tùrn
'S thèid air a ràdh gu h-às ùr –
Is fàsaidh e 'n tràth sin cho àrda ri tùr.

You don't know what I'm worth, Donald's daughter, blonde Anne,
The way you snub my love leaves me at your command:
With you absent or present, my heart's flames are fanned,
They tickle and suckle and smart like firebrands.
Without you I'm unmanned,
Yet still dream of a kiss before I leave this land.

But full of disdain, condescending, you said:
'You've no chance of caressing my head.
Six men are fighting to be in your stead
And they're all sure *you* won't get close to my bed.
Ha ha! Are you sick in the head?
You think this love'll kill you? Then you'll end up dead.'

You're cold to me, but still I don't hate you,
And though behind your back I slag and slate you
In my mind there's an affectionate you
And I still think my love could elate you.
It's still true:
My love grows tall as a tower for you.

Moladh air deagh Bhod

Alasdair Mac Mhaighstir Alasdair c 1698–c 1770

Tha ball-ratha sìnte riut
a choisinn mìle buaidh:
sàr-bhod iallach acfhainneach,
rinn-gheur, sgaiteach, cruaidh,
iùlach, fèitheach, feadanach,
làidir, seasmhach, buan,
beodha, treòrach, togarrach
nach diùltadh bog no cruaidh.

In Praise of a fine Prick

Alexander MacDonald

It's won a thousand conquests
this prick that strains for you:
this chief-dick, lithe, well-equipped,
sharp-tipped, piercing, true,
beckoning, sinewed, chanter-like,
long-lasting, steadfast, strong,
keen, lively – soft or hard –
it goes on and on (and on).

Moladh Mòraig

Alasdair Mac Mhaighstir Alasdair c 1698–c 1770

Ùrlar
'S truagh gun mi sa choill'
Nuair bha Mòrag ann,
Thilgeamaid na cruinn
Cò bu bhòidhch' againn;
Inghean a' chùil dhuinn
Air a bheil a loinn,
Bhiomaid air ar broinn
Feadh na' ròsanan;
Bhreugamaid sinn fhìn,
Mireag air ar blìon,
A' buain shòbhrach mìn-bhuidh'
Na' còsagan;
Theannamaid ri strì
'S thadhlamaid san fhrìth
'S chailleamaid sinn fhìn
Feadh na' strònagan.

Ùrlar
Sùil mar ghorm-dhearc driùchd
Ann an ceò-mhaidinn,
Deirg' is gil' nad ghnùis
Mar bhlàth òirseidean;

In Praise of Morag

Alexander MacDonald

Ground
It's a shame I wasn't in the woods
When Morag was,
We would cast lots
For the prettiest of us;
Young girls with brown hair
Who sparkle, are fair –
We'd join them over there
On our bellies in the roses;
We'd playfully entice
Each other, on our sides,
Gathering the fine
Yellow primrose from the crags;
Playfights would start,
And we'd roam the deerpark
Until we'd lose track
Of ourselves in the hills.

Ground
Your eye's a blue-dewberry
In the morning mist,
Your face white and cherry-
Blossomed like an orange-kiss,

Shuas cho mìn ri plùr,
Shìos garbh mo chulaidh-chiùil,
Grian na planaid-cùrs'
Am measg òigheannan;
Reula glan gun smùr
Measg na' rionnag-iùil,
Sgàthan-mais' air flùr
Na bòidhchid thu;
Àilleagan glan ùr
A dhallas ruisg gu 'n cùl;
Mas ann do chrèadhaich thù
'S adhbhar mòr-iongnaidh.

Ùrlar
On thàinig gnè de thùr
O m' aois òige dhomh,
Nìor facas creutair dhiubh
Bu cho-glòrmhoire:
Bha Maili 's dearbha caoin,
'S a gruaidh air dhreach nan caor,
Ach caochlaideach mar ghaoith
'S i ro òranach;
Bha Peigi fad an aois –
Mur b' e sin b' i mo ghaol;
Bha Marsaili fìor aotrom
Làn neònachais;
Bha Lili a' taitne' rium

Your top's a fine-flower scent,
(Below, a coarse instrument)
A sun that courses the firmament
Among virgins.
A clean, blemish-free star,
You're a vanity-mirror
On beauty's flower
Among guiding lights.
A jewel so dazzling
You're blinding;
If you're made of clay
It's amazing.

Ground
Since I first came to my senses
In my youngest days
I haven't seen a creature
So glorious:
Maili was very sweet,
With her rowan-coloured cheeks,
But she was fickle as the breeze
And too songful;
Peggy wasn't young
Or she'd have been the one;
Marsaili was gone
In the head, and strange;
Lili would've made me hanker

Mur b' e a ruisg bhith fionn;
Ach cha bu shàth bùrn-ionnlaid
Don Mhòraig s' iad.

Siubhal
O, 's coma leam, 's coma leam
Uil' iad ach Mòrag:
Rìbhinn dheas chulach
Gun uireas'aibh foghlaim;
Chan fhaighear a tional
Air mhaise no bhunailt,
No 'm beusaibh neo-chumanta
Am Muile no 'n Leòdhas;
Gu geamnaidh, deas, furanach,
Duineil, gun mhòrchuis,
Air thagha' na cumachd
O 'mullach gu 'brògaibh;
A neul tha neo-churraidh
'S a h-aigne ro-lurach,
Gu brìodalach, cuireideach,
Urramach, seòlta.

Siubhal
O guiliugag, guiliugag,
Guiliugag Mòrag!
Aice a ta 'chulaidh
Gu curaidh nan òigfhear;
B' e 'n t-aighear 's an sòlas

If her eyes'd been darker;
But none of them are fit to crank
Your bath-water.

Variation
O, I don't care, I don't care
For anyone but Morag:
Morag, with her culture
And her glad-rags;
You won't find her equal,
One so virtuous and loyal
And uncommonly beautiful
On Lewis or Mull;
Able, welcoming, pure,
Humane, not pompous,
The choicest of figures
From her head to her toes;
Her complexion is tireless
Her mind so gorgeous,
Shrewd and flirtatious,
Noble and sharp.

Variation
O giddy-up, giddy-up
Giddy-up Morag!
She's got the stirrups
To spur on the young wags;
It'd be a pleasure

Bhith sìnte ri d' ulaidh
Seach daonnan bhith fuireach
Ri munaran pòsaidh.
Dam phianadh 's dam ruagadh
Le buaireadh na feòla,
Le aislingean connain
Na colna dam leònadh;
Nuair chithinn mu m' choinneimh
A cìochan le coinnil,
Thèid m' aign' air bhoilich
'S na theine dearg sòlais.

Siubhal
O fairigean, fairigean,
Fairigean Mòrag!
Aice a ta 'chroiteag
As toite san Eòrpa;
A cìochan geal criostal,
Na' faiceadh tu stòit' iad
Gun tàirneadh gu beag-nàir'
Ceann-eaglais na Ròimhe;
Air bhuige 's air ghile
Mar lili na' lònan;
Nuair dhèanadh tu 'n dinneadh
Gun cinneadh tu deònach;
An deirgead, an grinnead,
Am mìnead 's an teinnead,

To lie with your treasure
And not have to measure
The days to our wedding.
I'm pained and harassed
By fleshly temptation,
My dreaming body is bruised
By sensations.
When, by candles, I see
Her breasts before me
My mind goes crazy
In red fires of bliss.

Variation
O fairigean, fairigean,
Fairigean Morag!
She's got the tightest
Pussy in Europe;
Breasts of such white crystal
That if he saw their domes,
They'd lead unto scandal
The Pontiff of Rome.
Like the lily of the valley
They are soft and white;
She grows pliable, willing,
If you knead them just right.
With their redness, their pertness,
Their smoothness, their firmness:

Gum b' àsainn chur-spionnaidh
Agus spioraid à feòil iad.

Ùrlar
Thogamaid ar fonn
Anns an òg-mhaidinn,
'S Phebus a' dath nan tonn
Air fiamh òrainsean;
Far cèill' cha bhiodh conn
Air sgàth dhoire 's thom,
Sinn air dàireadh trom
Le 'r cuid gòraileis;
Dìreach mar gum biodh
Maoiseach 's boc à frìth
Crom-ruaig a chèile dian
Timcheall òganan;
Chailleamaid ar clì
A' gàireachdaich leinn fhìn,
Le bras-mhacnas dian sin
Na h-ògalachd.

Siubhal
O dastram, dastram,
Dastram Mòrag!
Rìbhinn bhuidh', bhasdalach,
Leac-ruiteach ròsach;
A gruaidhean air lasadh

The means to give flesh
Spirit and life.

Ground
We would raise up a song
In the dawn,
As Pheobus orange blushes
The ocean.
We would be shocked
In woods and on hillocks
So hard did we fuck
Without caution.
We would go at it
Like a buck and a doe
Mad-rutting in a grove
Among saplings;
We would lose our power
Laughing to each other
Wild, furious and eager,
With the rash glee of youth.

Variation
O dastram, dastram
Dastram Morag!
Rosy-red-cheeked, gold-haired,
Never drab.
Her face is alight

Mar an lasair-chlach dhathte,
'S a deud mar a' sneachda,
Cruinn-shnaighte 'n dlùth òrdugh;
Ri Venus cho tlachdmhor
An taitneachdainn fheòlmhor,
Ri Dido cho maiseach,
Cho snasmhor 's cho còrr rith';
'S e thionnsgain dhomh caitheamh
'S a lùghdaich mo ràithean,
A' bhallag ghrinn laghach
Chuir na gathan sa 'm fheòil-sa.

Siubhal
'S mur bithinn fo ghlasaibh,
Cruaidh-phaisgte le pòsadh,
Dh'ìobrainn cridhe mo phearsainn
Air an altair-se Mòraig;
Gun lìobhrainn gun airtneal
Aig stòlaibh a cas e,
'S mur gabhadh i tlachd dhiom
Cha b' fhad a sin beò mi.
O! 'n urram, an urram,
An urram do Mhòraig!
Cha mhòr nach do chuir i
M' fhuil uil' às a h-òrdugh,
Gun d' rug oirr' ceum-tuislidh
Fo imeachd mo chuislean

Like flint, pink-white,
Her teeth are snow-bright
And closely round-sculpted.
As lovely as Venus
For physical delight;
As elegant and marvellous
As Dido.
You've come to consume me
And eat up my seasons
You lovely young woman,
Your barbs in my flesh.

Variation
If I wasn't in chains
Bound by marriage,
I would gift my heart
On the altar of Morag.
I'd happily set it
On the ground by her feet;
And if it didn't delight her,
I'd die quickly.
O! The honour, the honour
The honours to Morag!
She almost stirred up my blood
Till I gagged:
She sped up my flow
Brought on vertigo

Le teas is le murtachd
O mhochthrath Didòmhnaich.

Siubhal
'S tu reula nan cailin,
Làn lainnir, gun cheò ort;
Fìor chòmhnard, gun charraid,
Gun arral, gun bheòlam;
Cho mìn ri clòimh eala,
'S cho geal ris a' ghaillinn;
Do sheang-shlios sèimh fallain,
Thug barrachd air mòran.
'S tu Bànrigh nan ainnir,
Cha sgallais an còmhradh;
Àrd, foinnidh nad ghallan,
Gun bhallart, gun mhòrchuis;
Tha thu coileant' nad bhallaibh,
Gu h-innsgineach, allamh;
Caoin, meachair', farast',
Gun fharam, gun ròpal.

Ùrlar
B' fheàrr gum bithinn sgaoilt'
Às na còrdaibh sa;
Thug mi tuilleadh gaoil
Is bu chòir dhomh dhuit;
Gun tig fo dhuine taom,

With her heat and libido
Early on Sunday.

Variation
You're the star of the lasses –
Shiny, not dull;
You're steady, not riotous,
Impudent, scolding.
As soft as swan's down,
As white as a snow storm,
Your delicate and narrow
Waist bests them all.
You're the queen of virgins –
No gossip will trouble you –
Tall, stately, your branches
Aren't loud or aloof.
Perfect, your limbs
Are lively and nimble;
You're tender and tranquil,
You don't blabber or chat.

Ground
I wish I was above
These marriage-bonds;
I gave you love
Far beyond what I should have;
Men are driven mad

Gu droch-ghnìomh bhios claon –
Cuireadh e cruaidh-shnaoim
Air on ghòraich sin:
Ach thug i seo mo chiall
Uile uam gu trian:
Chan fhaca mi riamh
Tional Mòraig seo.
Ghoid i uam mo chrìdh',
'S shlad i uam mo chlì,
'S cuiridh i sa chill
Fo na fòdaibh mi.

Siubhal
Mo cheist agus m' ulaidh
Do chonnairc mi d' sheòrs' thu,
Le d' bhroilleach geal-thuraid
Na' mullaichean bòidheach;
Chan fhaigh mi de dh'fhuras
Na nì mionaid uat fuireach,
Ged tha buarach na dunach
Dam chumail o d' phòsadh.
Do bheul mar an t-sirist,
'S e milis ri phògadh,
Cho dearg ri bhermilion
Mar bhileagan ròsan:
Gun d' rinn thu mo mhilleadh
Le d' Chupid dam bhioradh,

When they have it this bad –
They should come down hard
On such foolishness.
She took two-thirds of my wits
And left me in bits:
There's no-one as fit
As this Morag.
My heart has been robbed,
I'm a quivering blob;
I'll end up under the sod
Of the graveyard.

Variation
Of your type that I've seen
You're the ultimate,
With the white towers of your chest
And their tender tips.
I'm impatient each minute
You're away from me,
Though the shackles of chance
Stop us marrying.
Your mouth's a cherry
And sweet to the kiss,
Red as vermillion
Or rose-petals.
I've been utterly wrecked
By your Cupid pricks;

'S le d' shaighdean caol biorach
A rinn ciorram fo m' chòta.

Siubhal
Tha mi làn mulaid
On chunnaic mi Mòrag,
Cho trom ri clach-mhuilinn
Air lunnaibh da seòladh:
Mac-samhailt na cruinneig
Chan eil anns a' chruinnidh;
Mo chrìdh' air a ghuin leat
On chunnaic mi d' òr-chùl
Na shlamagan bachallach,
Casarlach, còrnach;
Gu fàinneagach, cleachdagach,
Dreach-lùbach, glòrmhor;
Na reulagan cearclach
Mar usg'raichean dreachmhor,
Le fùdar san fhasan,
Grian-lasta, ciabh òr-bhuidh'.

Siubhal
Do shlios mar an canach,
Mar chaineal do phògan,
Ri Phenix cho ainneamh
'S glan lainnir do chòta;
Gu mùirneanach, banail,

Your slender, quick
Arrows under my coat.

Variation
I've been terribly down
Since I saw Morag,
As heavy as a millstone
In an oar-drag.
The beauty of this girl
Is not of this world,
Your golden curls
Sting my heart.
Your locks are so curly
Wavy and crimped
Ringed, hooped and whorly,
Gloriously kinked.
Stars whirl around it,
Graceful as pearls,
And chic powder swirls
Through your sunlit, gold hair.

Variation
Your side's like bog-cotton,
Your kisses are cinnamon,
Your coat's pure and glints,
As rare as a Phoenix.
Joyful and womanly,

Gun àrdan, gun stannart,
'S i còrr ann an ceanal,
Gun ainnis, gun fhòtas.
Na' faicte mo leannan
Sa mhath-shluagh Didòmhnaich,
B' i coltas an aingil
Na h-earradh 's na còmhradh;
A pearsa gun talach,
Air a gibhtean tha barrachd,
An Tì a dh'fhàg thu gun aineamh
A rinn de thalamh rud bòidheach.

Ùrlar
Tha saoghal làn de smaointinnean feòlmhor,
Mamon bidh dar claonadh
Le ghoisnichean;
A' cholann bheir oirnn gaol
Ghabhail gu ro-fhaoin,
Air strìopachas, air craos
Agus stròdhalachd:
Ach cha do chreid mi riamh
Gun do sheas air sliabh
Aon tè bha cho ciatach
Ri Mòraig s';
A subhailcean 's a ciall
Mar gum biodh ban-dia,
Leagh i 'n crìdh am chliabh
Le 'cuid òrrachan.

Not arrogant or shy,
Unmatched for gentility,
With no blemish or flaw.
If you saw my mistress
With the righteous on Sunday
With her speech and her dress
You'd think her an angel:
Her body is reproachless
And her gifts far surpass
The One who made her flawless
And all the world lovely.

Ground
The world is full of fleshly compulsion,
And Mammon would fool
And ensnare us:
Our bodies can trick us,
Make us call 'love'
What is just lewdness,
And whoring and lust.
But I could never accept
There's been a girl yet
As stunning and perfect
As this Morag.
Her reason and virtues
Are those of a goddess:
My heart melts in my chest
As if spellbound.

Siubhal

Ur comhairle na ceilibh orm,
Ciod eile a their no nì mi?
Mun rìbhinn bu tearc ceileireadh
A sheinneadh air an fhìdeig;
Chan fhaighear a leith'd eile seo
Air tir-mòr no 'n eileanaibh,
Cho iomlan is cho eireachdail,
Cho teiridneach 's cho bìogail.
'S nì cinnteach gur nì deireasach,
Mur ceilear seo air Sìne,
Mi thuiteam an gaol leth-phàirteach,
'S mo cheathrannan am dhìobhail:
Chan eil de bhùrn an Seile siud,
No shneachd an Cruachan eilidneach,
Na bheir aon fhionnachd eiridneach
Don teine a ta nam innsgin.

Siubhal

Nuair chuala mi ceòl leadanach
An fheadain a bh' aig Mòraig,
Rinn m' aigne dannsa beadarach
'S e freagra' dha le sòlas:
Sèimh-ùrlar socair, leadarra
A puirt, 's a meòir a' breabadaich;
B' e siud an oirfeid eagarra
Don bheus na creaga mòra.

Variation

Don't deny me your counsel:
What else can I say
About the girl who can whistle
Rare birdsong?
Her like can't be found
On the islands or mainland,
So perfect and handsome,
Healing and alive.
If Jane finds out
The air will turn blue,
My house will be routed,
My love cut in two:
But no snow-water in Shiel,
Or in Cruachan's deer-fields,
Is cool enough to heal
The fire in my mind.

Variation

When I heard the sweet music
Of Morag's chanter
My mind danced a jig
With pure pleasure.
The *ground* was steady and slow
As her fingers flowed,
The tune was sharp with a low
Rock-like bass.

Ochòin! A feadan bailleagach,
Cruaidh, sgailleagach, glan, ceòlmhor,
Nam binn-phort stuirteil, trileanta,
Rèidh, mion-dhìonach, bog, ro-chaoin;
A' màrsal còmhnard, stàiteil sin,
'S e lùthmhor, gràsmhor, caismeachdach,
Fìor chruinn-lùth brisg, spalparra
F' a cliath-lùth bras-chaoin, spòrsail.

Siubhal
Chinn pròis is stuirt is spracalachd
Am ghnùis nuair bheachdaich guamag,
A' seinn an fheadain ioraltaich,
B' àrd iolach ann am chluasaibh;
A suain-cheòl, sìthe mireanach,
Mear-stoirmeil, pongail, mionaideach,
Na b' fhoirmeile nach sireamaid
Air mhireid ri h-uchd tuasaid.
Om buille meòir bu lomarra
Gu pronnadh a' phuirt uaibhrich!
'S na h-uilt bu lùthmhor cromaidhean
Air thollaibh a' chruinn bhuadhaich;
Gun slaoid-mheòirich, gun rongaireachd,
Brisg, tioram, socair, collaideach;
Geal-lùdag nan geàrr-chollainnean,
Na' crap-lùth loinneil, guanach.

Ochonn! her chanter,
Was hard, keen and tuneful,
Her grave notes quavered steadily,
Firm, soft and gentle.
The stately march she played,
Was graceful, foot-stomping,
A true brisk strutting *crunluath*:
O her nimble, quick fingers!

Variation
I was aglow with pride
As my dear played the chanter
She had improvised,
Its tune loud in my ears:
Endless fairy sleep-music
Finger-stormy, careful, strict,
More formal than you'd think
Fit for battle or play.
Oh! the merest touch of a finger
Beating its proud tune,
The most muscled joints lingering
On the shaft's runes;
No finger-dragging or slavering –
But brisk, dry, easy, havering,
With your white pinkie quivering
And your elegant-air curls.

Ùrlar

Chaisgemaid ar n-ìot'
Le glainn' fhìon a sin,
'S bhuaileamaid gu dian
Air glòir shìobhalta;
Tuilleadh cha bhiodh ann,
Gus an tigeadh àm
A bhith cluich air dam
Air na tìthean sin;
Dh'òlamaid ar dram,
Dh'fhògradh uainn gun taing,
Gach nì chuireadh maill'
Air bhith mìog-chuiseach;
Maighdean nan ciabh fann,
Shnìomhanach nan clann,
Mala chaol, dhonn, cham,
Channach, fhìnealta.

An Crùn-luath

Mo cheann tha làn de sheilleanaibh
O dhealaich mi ri d' bhrìodal,
Mo shròn tha stopte a dh'elebor,
Na deil, le teine diombais;
Mo shùilean tha cho deireasach
Nach faic mi gnè gun telescop,
Is ged bhiodh meudachd beinnidh ann
'S ann theirinn gura frìd' e.

Ground
Let's quench our drouth
With a glass of wine,
And let's strike out in haste
And decorum;
We'll have no more fun
Until the time comes
To play on the dam
Of our desires;
Let's knock back our drams,
And from us dispatch
Each thing that would slacken
Our sauciness;
You ringletted girl,
With lazy childlike curls,
Brow brown, arched, unfurled,
Slender, pretty and elegant.

The Crùn-luath
Since I last felt your touch,
My head's full of bees;
To stop the itch-fires of lust
I've hellebore up my nose.
I need to use a telescope,
My eyes are so bleary:
The mass of a mountain
Seems the size of a flea.

Dh'fhalbh mo chèidse corporra
Gu dochaireach le bruadar,
Nuair shaoil mi fortan thachairt dhomh,
'S mi 'm thorroichim air mo chluasaig;
Air dùsgadh às a' chaithream sin
Cha d' fhuair mi ach ion-faileas dheth,
An ionad na maoin bearraideach
A mheal mi gu seachd uairean.

Ach ciod thug mi gu glan fhaireachadh
Ach carachadh rinn Cluanag:
'S cò seo, o thùs, bu Mhòrag ann,
Ach Sìne an òr-fhuilt chuachaich;
Nuair thùr i gun do lagaich mi
'S gu feumainn rag chur stailcidh ann,
Gun d' rinn i draoidheachd cadail dhomh,
Rinn cruaidh fìor rag dam luaidh'.
Bha chleasachd sa cho fìnealta,
'S cho innleachdach mun cuairt dhi,
Nach faodainn fhìn thaobh sìobhaltachd,
Gun dligheadh crìon thoirt uam dhi;
Gun thionndaidh mi gu h-òrdail rith',
'S gun shaoil mi gum b' i Mòrag i,
'S gun d' aisig mi na pògan dhi
'S cha robh d' a còir dad uaith'.

My body's cage is bound
In a painful dream;
I wished I could be found
Snoring deep in my bed.
When I roused from that chorus
There was only a glimmer
Of the giddying treasure
That pleased me seven times.

In the ebb of the Cluanag
I felt everything plainly
There was never a Morag
But my gold, curly-haired Jane.
When she saw I had weakened,
Wasn't thrusting and solid,
She used a sleeping spell
To put steel in my lead.
Her sleight-of-hand was so elegant,
So subtle and canny
It would have been indecent
To renege on my duty:
I turned to her, decorous –
Morag, thinking of you! –
And ferried her kisses
That were not her due.

Mì-Mholadh Mòraig

Alasdair Mac Mhaighstir Alasdair c 1698–c 1770

A Mhùideartaich dhuibh dhàna,
Na' geur-fhacail,
Sguir de d' bhùrt 's de d' thàl-mhagadh
Pleideasach;
Tàmh de d' sgeig dhiom tràth
No ruigeam Ailean Bàrd,
'S gach filidh gu bheil càs
An Dùn Èideann diom:
Bheir iad ort gun sgàin,
'S gun fail thu uil' o d' chnàimh,
Nad mhaol-lòbhran grànna,
Maol dèistinneach.
Sin an duais a tà
Agadsa nad ghràdh,
'S nad mholadh magail bàth,
A bhalaich bheul-fharsaing.

Ùrlar
'S math gun bhith sa choill',
Nuair bha Mòrag ann;
A bhan-pheacach sin gun loinn,
Làn de dh'fhòtas innt';

In Dispraise of Morag

Alexander MacDonald

O bold-black sharp-tongued
Moidartman,
Stop your taunts,
Your impertinent sarcasm:
Cease with your mockery
Or I'll fetch Alan Ramsay
And every poet who'd defend me
In Edinburgh:
They'll attack you till you explode,
Till your bones rot and mould
Like a leper who is bald
And disgustingly browed.
That's the only prize
Your love will buy,
And your mock-praising lies,
You wide, mouthy boy.

Ground
It's good I wasn't in the woods
When Morag was;
She's a graceless sinful girl,
Full of stinking pus.

An dubh-fhaclach gun sgoinn,
'S a subhailcean air foill;
A caoin 's a h-ascaoin roinnt',
Làn de ghoisnichean:
Ma ghabhar i mar chì,
Tha sgiamh a-muigh glè lìomh;
Ach fo sin tha mìltean
De dhò-bheartan.
'S cho lìonmhor car na crìdh',
'S fear tha air a tì,
'S mìn mhachraichean na rìoghachd
De neòineanaibh.

Ùrlar
'S ioma craobh sa choill',
Tha fìor lòineagach;
Blàth is cairt a croinn
Gu fìor shòghrach;
Ach geàrr i sìos gun mhaill',
'S feuch i às a broinn,
'S gheibh thu fiaclan-goir',
Agus còsan innt'.
Cha dèan saor gu bràth,
Feum d' a bun no bàrr;
Fiù i crìon gun stàth:
B' i 'n t-olc bòidheach i.
Leagar i gun dàil,

She black-talks carelessly
Of virtue, deceitfully;
Inside-out, she's tangledly
Full of snares.
If you take her as she seems,
Her outer beauty gleams:
But underneath she teems
With vices.
She's had as many twists of heart
And men chase her nether parts,
As on the kingdom's gentle machairs
There are daisies.

Ground
Many a tree in the wood
Appears woolly
Luxurious bloom of trunk and bark –
Truly.
But now cut her down,
On her inside will be found
Wailing teeth
From her crevices.
A joiner never would
Have use for such wood;
Let it shrivel, however good
It looks, it is evil.
Let her be cut down

Spealtar i gu blàr,
'S loisgear i gu' fàs i
Na beò-ghrìosaich.

Ùrlar
Shaoil mi gum bu mhaighdeann
A' Mhòrag sa;
An Sìren s' a rinn m' fhoill
Anns na srònagan:
An tè s' a bha na troit
Ri mìle fear man d' rinn
Mise sa cheart oidhch' ud
Dad còmhraidh rith'.
B' iad rionnagan an àigh
Fon d' rugadh mise blàth,
Nach deachas fad air rathaidean
Na feòla leath':
'S millteach fear a chaidh
Ge' nach d' fhuair iad pàist':
Feur cha chinn gu bràth
Air na mòr-rathaidean.

Siubhal
An apa gheàrr bheag-nàireach,
Fhreagarrach, leòmach;
Bharracaideach, dhreigiseach,
Leisgeulach, dhòlach;

Back to the ground
And burnt till she becomes
Living embers.

Ground
I believed this Morag
Was a virgin,
This siren who misled me
In the drumlins:
This girl who was in trot
With a thousand men
Before the night I was caught
Sweet-talking her.
Thank the lucky stars
Who look after my kar-
Ma, that I didn't go far
On roads of flesh with her.
Men who did were outcast,
Though they'd no children with the lass
(You cannot grow grass
On such highways).

Variation
A rude squat chimpanzee,
Unapologetic and pernicious,
Befittingly shaggy,
Saucy and peevish;

An-tlachdmhor, sgeigeiseach,
Champarach, sheasg-chorpach;
Shanntach air fleasgaichean,
Bheud-fhaclach, ghòdach.
Tuairneag ghorm bhall-tartach,
Stannartach, ròiceach;
Bhriosg-ghlòrach, anartach,
Gangaideach, leòiceach:
Ro uasal na barail,
'S gun innt' ach fìor chaileag,
'S toir' a breatha fìor shalach
O fhaillein an òtraich.

Siubhal
Cruinn aodann a' mhuncaidh,
Air crupadh ri chèile;
A sùilean air lasadh
Mar laiseadh nan èibhlean:
Làn caileadair prabach,
Gun mhala, gun rosg oirr',
'S a h-ùrla' làn chlaisean,
Gu caisreagach fèitheach.
Craiceann a ciobhail
Air a ruith gu h-èideach,
Mar laoighdean air còmhlaidh,
Fìor neònach a speur:
A ceanna-'idh' uile neo-thaitneach

Sarcastic and nasty,
Barren, vexatious,
Sharp-worded, sly,
Bachelor-voracious.
Her parts are blue and dry
She scrapes barrels and belches;
She's sneaky, she lies,
She's gabby, contemptuous;
She's vain of her judgement
Though just a wee girl;
She gets her dirty pleasures
From the tendrils of middens.

Variation
A monkey's round face,
Features crumpled together:
Eyes all ablaze
Like the lashing of embers;
Rheumy and star-crazed,
Eyebrows and lashes razed,
Her veiny forehead a maze
Of furrows.
The skin of her jaw's
Stretched out like clothes
Or calfskin on a frame,
Her portents are odd.
Her aims are unpleasant,

Làn do mhì-loinn, mì-thlachdmhor,
'S a h-anail air malcadh
Le brachan a deudaich.

Siubhal
Brù thana mar dhruma,
Neo-chulach air sèideadh,
Cho cruaidh ris an unga,
Gun chumachd air brèine:
A dà chiar-sporan fhalamh,
Mar chochaill dà mharaig,
Airson chìoch aig an arrachd,
Siorsan-galair dan teumadh.
Corp uinnsinn gun soltachd
Mar gun locradh tu dèile;
Cho tioram ri closaich,
No seann osnach air sgreubhadh;
'S bhiodh rùbail is ròcail,
Mu dhoire na h-oiteig,
Le iom'-ghaoth nan cnocan
Mu bhòtaibh na cèire.

Ùrlar
Ciod e seo chuir am cheann
Moladh Mòraig sa?
A' strìopach ceal nan crann,
Mheall am dhòchas mi:

Disgusting, inelegant;
And her breath's putrescent
From her rotting teeth.

Variation
Her thin belly's a drum,
Hard as an ingot:
Swollen and unplump,
Shapeless and fetid.
Two empty dark purses,
Like black-pudding husks,
Like the breasts of a dwarf
Bitten off by disease.
An ash body that's hard
As a planed wooden board,
A dessicated carcass
Or carrion.
Her body'd roar and rumble
A whirlwind through foothills
Or a breeze through a grove,
Round a wax votive candle.

Ground
What got into my head
To praise Morag?
She ripped my hopes to shreds
The false shaft-slag.

Dhall i mi le cainnt,
'S chlàr i mi gun taing,
Gun shaoil mi nach robh anns
A' Roinn-Eòrp' ach i.
Ach fhuair mi solas ùr,
Thuit lannan far mo shùl;
Sgap 's a sgaoil gach dùbhradh
'S gach ceòthaireachd;
Dh'fhidir mi 'bhean bhreun
Na fìor dhathaibh fèin;
'S mairg neach nach dèan streup
Ris an fheòlmhorachd.

Siubhal
Coc-shròn neo-loinneil,
Mar fhuinn' air a h-ùrlainn;
'S a pluicean gorm goilleach,
Garbh, doireach le mùraich:
A' bheadagag choireach;
'S fìor bheadag na cloinne,
A fhuair a h-àrach 's a h-oilean
À sgoil-deilis na siùrsachd.
Poll-bùiridh nam balach,
Ann an caithream na dàmhair,
'S ioma sìol chaidh nad chroit s',
Ge nach lotaichear bàrr dhith:
Cha chinn còinneach no toradh

With her talk she deceived
Me and made me believe
That she was the only one
In all Europe.
But I saw the light,
Scales fell from my eyes:
Cast and scattered each lie
And all mistiness.
I saw the rancid lass
In her true colours:
Woe to those who'd let pass
Such lasciviousness!

Variation
An indecent cock-beak –
A wart on her brow;
She's got boiling blue cheeks
Rough-groved and leprous:
A delinquent young woman,
The worst of the young,
She got her own upbringing
In a whore school.
Rutting-hole of young men
In the shrieks of rut-season
So much seed filled her cunt,
Though its top wasn't wounded.
No moss or fruit will grow

Ma chloich bhith air a roladh;
On sguir mise dad mholadh,
Dùisgeam donas no dhà dhuit.

Siubhal
A' bogadh nan togradh,
Chan obadh i mìltean;
Bhith faireachadh a crotaig
Air fodar b' e mìlsean;
Dh'aithnit' èibhneas 's sogan,
Mòran miochuis is sodain,
Na h-ùrlainn bhric rocaich,
Nuair dh'fhosgladh na brisnean.
Nam biodh sàr-shodar
Do bh—d—r math dìleas,
Na ghalop 's na throtan,
A' rotadh a sìth-thuill;
Bhiodh Mòrag ro thoileach,
Làn ùgaig is goileim;
B' fhurast fhaicinn nach b' oil lea'
Bhith faileadh a h-ìochdair.

Siubhal
De dh'òirlichean adhraidh
Tomhaiseam baobhag nan Gàidheal,
O mhullach a bathais,
Sìos traiste gu' sàilibh:

Round a stone that so rolls,
Since I no longer extol
You, but curse you.

Variation
To sate her own wants
She would welcome thousands;
Feeling her cunt
On straw would be sweet;
There'd be joy and flirtation
And much mirthful bliss
On her wrinkly pocked dish,
When trousers are opened.
If there was a good trot-horse
For a loyal c--ksm—n
In trot and in gallop,
To whip fairy-holes.
Then Morag would be willing,
Full of gurgling and babbling;
It's clear she'd be happy
Revealing her groin.

Variation
Let me measure the wee Gael-bitch,
From the tip of her nose
In devotional inches
Across to her toes.

A fliuch-shròn phlucanach rodaidh,
Le seann droch chlap air grodadh;
A falt gadmannach, forcach,
Dòite dòideach air cràiceadh:
Air pealladh, air stìoradh,
'S air sileadh, gun chìreadh;
Leis na sporaibh da spioladh
Le piorradh nan ìnean;
Le ochd gadhair a' sireadh
Lorg 's blàth anns gach innis,
Nach fàg ionad gun sgioladh:
'S cuile-gine na frìthe.

Ùrlar
Geàrr mhadagan nan àrd,
Òrdag bhreun-laodhrach,
Le lorg-chuagan sàil-chuspach
Dèistinneach;
Dearg-ghàgach nan càrn
Mhuthuirneach air cnàmh;
Làn ainfheoil a dà spàig
Fo na slèisnibh aic':
Tarr breac, gobhlach, fàs.
Àirnean a' chinn àird;
Fìor shimilear na sgàth
Air na h-èibhleagan:
Garbh-ghaoisneach 's tiugh càrr,

Nose pimply and chapped,
Rotten from the clap;
Hair full of nits and naps,
Burnt, frizzy and gnarled;
Pulled and dried,
Uncombed and shedding,
Plucked by talons
And the scraping of nails.
Eight greyhounds hunt for
A scent in each corner
Leaving each spot worn out
In her deerpark's brood-den.

Ground
Squat runt of the highlands,
Her big-toe pus-oozes,
And her cracked, bloated heel
Is obnoxious.
Chapped one of the cairns,
Her ankles are flayed
Her paws' flesh is corrupt
From the thighs down.
Belly speckled, forked and empty,
High-headed kidneys,
True chimney of dread
On the embers:
Rough hair and thick mange,

Dubh-shradach gun stàth;
Fìor bhotramaid na' sàr-chailean,
Bèisteimheil.

An Crùn-luath
Gaol an-abaich dona,
Le solais an dòlais
Thug mise ann a's droch-uair
Do rosad na h-Eòrpa.
Gum b' fheàrr leam mo chrochadh
Na dol anns na rochdaibh s',
Mo riasladh mam lochdaibh,
'S mo lotadh le dòrainn;
Na suathadh ri d' fhallsachd,
Fhìor chabhsair na rìoghachd;
Mo ghlacadh a chlisgeadh
Le d' ribeachan millteach.
B' iad na breugan bhith d' mholadh,
Faiche-bhobhla nan sgoilear,
Gun mhaoin ghlain ann d' cholainn,
Truaill thoileil na' mìltean.

'S tu bànrigh nan cailean,
Nad chal aig luchd-diombais,
Le dàireadh do phollaig
Gun cromadh tu sìos daibh.
Sàr-àirigh gu colainn,

Black-sparked and no use,
True bother of all good girls,
Bestial.

The Crùn-luath
Wrong love not yet ripe,
With the light of destruction,
I gave – in evil hours –
To the curses of Europe.
I would rather be hanged
Than find myself snared,
Mangled for my faults
And wounded, in pain;
Than stroke your corruption –
Pavement of the kingdom –
Be startled and caught
By your ruinous traps.
It was dishonest to praise you –
Bowling green of students –
With your body so stained,
Willing sheath of the thousands.

You're the queen of the girls
But numbed by seducers:
To have your wee hole fucked
You'd bend over to them.
Great sheiling for bodies

Dol ma oisinn do thollain,
Do dh'fhear air a tholladh,
'S air bhoil gu gibht strìopaich.
B' e d' aillein mìn-sgonnan
Teth, foinnidh, 's e fìor chruaidh;
'S dà dhòrnaig chruinn loma,
De dh'ion-bhollachan lìon leis;
'S tric bha geur-dhàireadh tomain,
'S conach frìd air do dhonnaig;
'S dlùth aisling connain
Dad ronnadh le filidh.

Going round your wee hole,
For a man who's tormented,
Mad for the gifts of a whore.
Your favourite's a smooth quern-handle
Hot, hard and lively,
And two round bare fist-stones –
Fill full up those buoys.
Often sharp-fucking on hills,
Flax pressed into your hocks,
Your near dream of lust:
Being pounded by a poet.

Òran a rinneadh do dhà bhodach àraid a bha ann an Àird nam Murchan, a chomharraich iad fhèin le bhith cur ri strìopachas ann an aois an ceithir fichead bliadhna

Alasdair Mac Mhaighstir Alasdair c 1698–c 1770

Air fonn Black Jock

Càit am bheil tional,
Na dùthchas an Albainn,
Gu breugan 's gu bradachd
'S gu ascaoineachd earbaill?
R' ar n-òigridh 's r' ar fleasgaich,
Ged fhaodar bean earbsa,
Tha ar bodachain shèideach
Cho bras ri boc-earba:
Na lodragain chèigeach,
Is leidiche feusag,
Gu suiri' cho leudara,
Bheudarach èasgaidh;
Ma gheibh iad an cothrom,
Is lugh' air ar bannal,
Pòsta no saor,
Gun dèan iad a' spannadh.

A song for two old men in Ardnamurchan who, at the age of eighty years, distinguished themselves by whoring

Alexander MacDonald

To the tune Black Jock

Where's the like now
Or in Scotland's traditions,
For such lying and cheating,
And rough-arsed campaigns?
Though a woman could trust
Our lads and our bachelors,
These puffed up old codgers
Are brash as roebucks:
With their shaggy whiskers
And their bristly beards
These dandies, while courting,
Coax, keen to oblige.
If they get the chance
Our girls are in trouble:
Married or single
They'll rip them apart.

An urram air chocondachd,
'S bhrogondachd, innsgin,
'S air bhraiseanachd mhogach,
Do bhodaich na tìre s':
Gur torconda, frogonda,
Logaiseach, grìs-fhionn,
Na tarrachdnaich h-ògach,
'S geur bhrodach nam brìsnibh:
Na' faigheadh iad fàth,
Air nìonaig air fodar,
Le beul-mheilliridh smùcach,
'S na h-ùrdail de shodar,
Gun dèanadh iad h-ograich,
Le h-uinich 's le glograich;
Gun cheanal nan ùidh,
Ach dùisealachd bogaidh.

Gur neònach do shean daoin',
A bhith ar am buaireadh,
An càileachd air tuiteam,
'S a' cuislean dèis fuaraich;
A' sùilean air brusgadh,
Agus cus de dhroch thuar orra;
Mòran dhìth fuilt orr',
Agus tuisleadh nan cluasaibh:
Ach theirinn a' chàileachd,
Bha na 'n àrdaibh gu 'n ìslibh,

Respect to the forwardness,
Filthiness, sprightliness,
To the rash hairiness
Of this land's old men:
How hog-like and merry,
How shambling and grizzled,
How gluttonous, how boar-like,
Sharp-goading their breeks:
If they had the chance
Of a lassie on fodder
With slabbering blubber-mouths
And their trotting horse,
They'd do it quite happily,
Fumblingly, squelchily,
Their affection inelegant,
Precipitous, moist.

It's strange for old men
To be so tormented
With their vigour subsided,
And their veins having cooled;
With eyes that are bleary
And such bad complexion:
Their hair is sporadic,
And their ear-tips droop.
But I'd say that much genius
Of the lowly and mighty

Chaidh cruinn a dh'aon àite,
Chuir stàillinn nan isbean:
Ach tha seo na shàr-fhortan,
Do m' ghoistidh Gilleasbaig,
Fhuair Aonghas mar phosta,
Bhith brodadh a ghad dha.

Bheir seo don Chlèir oilbheum,
Agus doraraich de dh'urchaid,
Gun thuit iad air riatachd,
Fir liath Àird nam Murchan:
'S nì sgreamhail, fìor bhiastail,
Ana-miannach, ro bhrùideil,
Dh'fhear' caithte le bliadhnaibh,
Dhol a riarachadh uislinn.
Chan fhaigh iad, 's chan iarr iad,
Gnè sìos do 'n cuid ulaidh;
'S ann a thoill iad an riasladh,
Agus piantainne dùbailt':
Mhoire nach iadsan
A smirte le clapa,
Gun fhoirin d' an urchasg,
Gun phurgaid d' an aiceid.

Ciod e bharail a t' agaibh
Air tapachan òga,
Nuair tha seann daoine laga,

Was gathered together
To put steel in their sausage.
This was good fortune
For my godfather Archie:
Angus got a job
Wanking his stick.

It'll offend the clergy,
Bring a tide of calamity,
That the grey men of Ardnamurchan
Have grown so wanton.
It's horrible and bestial,
Brutal and lustful,
For a man spent by years
To so sate his desire;
They won't get, they won't ask for,
A low way to their fortune;
They deserved to be mangled
And doubled with pains.
Mother of God!
They're riddled with clap
Without remedy or antidote
Or purge for their pangs.

What's your opinion
Of hardy young lads
When feeble old men

Nan caignibh ri pògadh?
Na nìonagan bais-gheal,
Dan glacadh nan crògaibh;
Fo mhèinn na' fear glasa,
'S nam bracairneach cròin-fhionn:
B' e siud fonn an diombais,
Fon chliomat bhras riatach,
Cha bhi cailleach gun sìoltachd,
Ged a chrìon i le ceudaibh;
No bodach glas ròmach,
Ged a robh na shean ruga;
Cho liath ris an ròn,
Nach e shòlas dol thuca.

Ach Aonghais Mhic Ailein,
Nan iarrte an ath thein' ort,
'S gun urchair na d' charthaids,
Bhiodh siud dhuit na dheireas;
Gun iomaireadh tu seachdain,
Air a' ghainnead de dh'ùine,
Ma' faigheadh tu fuasgladh,
Gnè luaidh no fhùdair:
Bha 'n cogadh ud cruaidh ort,
Nam buaileadh do bhiui,
Air làmhach 's air cruadal
Agus ruaidh-mheirg air d' fhiusaidh;
Gum biodh an ruaig ort,

Fight so hard for a kiss?
Fair-palmed young girls
Are caught in the paws,
In the gaze of the grey men,
The lurid and sallow men.
Such is the lust
In this rash wanton climate
Even hags will be seeded
Though they're withered by hundreds;
These shaggy grey codgers –
Though unkempt as old rugs
And grey as the seals –
Would love to go at them.

But Angus MacAllan
If you were asked next to fire
With no shot in your chamber
That would be your end;
You'd row for a week
On the shortness of time
Before you get relief
From some powder or lead:
That war was hard on you
If your view came upon
Shooting and hardship,
Red-rust on your fuse;
You would be chased off

Agus luasgan air d' anail;
Diomb is mì-mheas na gruagaich',
'S bu bhuan duit a' sgannal.

Gur neònach a' fonn
A thachair sna bailtibh ud,
'S mios' a chinneas druim iomair,
No ùrlar nan claisean annt'.
'S cho dàireil na seann tairbh,
Ri trì-bhliadhnaich acfhainneach;
'S gu math feur nan Coirean,
Is seachd sona feur Fhaisgidil:
Mar'sg air na bodachaibh,
Bhuaireadh na beartaich leo',
Thairgeadh màl dùbailt,
'S bunndaiste *gersminn* ast';
Le staodhram 's le mosradh,
'S le bodradh nan tailceanach,
'S briosuirneach, frogoiseach,
Cochallach, taplaichean.

Tha cleachdadh mì-nàdarr',
'N-dràst' anns a' tìr s',
Na h-òigir nan cadal,
'S na sean daoin' ri suirigh';
Fleasgaich nan torraicheam
Trom anns na leapannaibh,

With your breath heaving;
Maids would scorn and shame you
Long would be your scandal.

How strange is the mood
That's come on those villages –
Worse grow on ridge backs,
In the furrows of the ground.
The old bulls are as randy
As well-hung three-year-olds;
And Corran grass as good
As seven glad grasses of Fascadale.
A curse on the old men
Who tempted these richfolk
And offered double rents,
And grassum fees from them;
With body-bending license
And bothering the strong men,
Ludicrous, energetic
Their little sheathed wallets.

Unnatural habits
Have spread through the land:
Young lads are sleeping
While old men make love.
Potent young bachelors
Are heavy in bed,

’S na bodaich ri brìodal
Nìonag sna plaidichibh:
Ach ’s neònach leam fhìn
Iad a’ strìochdadh do ’m battairidh,
Le ’n gunnaichibh grìs-fhionn,
’S gur mì-chiatach acfhainn orr’,
Aig na gunnairibh spliasagach,
Geur-shrònach, brach-shùileach,
Le ’n cuilbhear gun urchair,
Gun chuimse nan glacaibh-san.

’S grànn’ a mhisneach do bhodach,
Dol air chogadh sna cùiltibh,
Gun a dhag’ a bhith cochda,
Na ghlog le cion ùillidh;
’S a chuinnsear le droch mheirg,
Teann stoibt’ na dhùbla,
Le dall-phrabadh doilleir,
Gun choinneal, gun chrùisgean;
De anail droch bholtrach,
Mar osnach air fhàilean;
’S a ghruaidhean air rocadh,
Mar adharcan mairt àrsaidh;
A chraiceann cho lachdainn,
Ri pait na’ mial-mhàgan;
’S a chàirean le ainfheoil,
Air feannadh le craimhinn.

While old men caress
Young girls in their blankets.
But I find it strange
They give in to their battery:
To the grizzled guns
And the minging equipment
Of these clumsy gunners –
Sharp-nosed, bleary-eyed –
No shot in their musket,
No aim in their grasp.

The codger's courage is poor
When warring in crannies,
With his pistol uncocked,
A lump soft and unoiled.
His quince is badly rusted,
Jammed tight in its sheath,
Blind, rheumy and murky,
Without lantern or candle.
His breath is foul-smelling
As carrion on wee sods;
His cheeks are wrinkled
Like ancient cow horns.
His skin is as sallow
As the humps of a toad;
His gums are flesh rotten
And flayed by a cancer.

Sibhs' a ta pòsta,
'S a nìonagan ùiseil,
Ged a thuit dhuibh le h-òrdugh,
Bhith an taobh sin den dùthaich,
Gabhaibh uam bàirlinn,
'S bithidh sibh cliùiteach;
Na creidibh bhith sàbhailt',
Gun ur gaird a bhith dlùth dhuibh:
Tha na bodaich mì-gheamnaidh,
Le meanmn' air am buaireadh,
Chan ath iad do shean-mhnaoi,
Do lean'ban no ghruagaich;
Gun a ghoid iad an comas
O deichnear air fhichead,
'S beag iongnadh an sgonnain
Bhith loma-làn de spiolgadh.

An urram do Aonghas,
Gu deargadh le acfhainn,
Gun thionndaidh e an todhar,
Agus Ailean an t-ath todhar:
Gur gleusta na liathainich,
Ciabh-glas na ràcanaich,
Gu cur is gu cliathadh,
Chan iarradh iad eachraidh oirnn;
'S mur a' cuirear deagh shriana,
Ris na fiadh-steudan acasan,

You who are married,
And noble young women,
If you have to, under order,
Stray into that region,
Take a warning from me
And you'll stay respected:
Don't believe you are safe,
Unless your guard's tight around you.
These old men are unchaste
And have tormented passions,
They'll not flinch from old wifies,
Children or girls.
They've stolen the virtue
From ten more than twenty:
It's no wonder their blow-pipes
Are brimful of scabs.

Respect to Angus
For ploughing his gear,
For turning manure
Which Alan then re-turned:
These grey ones are expert –
These grey-whiskered rakes –
At sowing and harrowing
With no need for a horse.
If a sure bridle's not
Put on their stallions,

'S feudar deagh-ghlasan iarainn,
A dhèanamh is cearcaill dhaibh,
A sparrar gu daingeann
Mu chaoil d' gach cèile,
'S mu ìochdar gach caileig;
Ma 'n toirear orr' èiginn.

Nach neònach a' spiorad sa
Chinn anns na bodachaibh,
Gun bhraon de ghnè fhìona,
Gun aon *tea* ach brochana;
Gun chupachan rìomhach,
Gu fuarachadh dheochanna,
Ach a' phoit thoirt on ghrìosaich,
Agus sìneadh le lodar oirr':
Nam biodh uisgeachan prìseil,
Dol sìos anns na corpaibh sin,
'S beathanna brìoghail,
Dh'fhàgadh lìonta, dearg, tortail iad;
Bu bhrais' iad na coileach,
Na buicean dearg dàiridh;
'S na bu chreutairean coill' iad,
Dhèanadh cleamhnas ri daraig.

Nach spoth sibh na bodaich
Man truaill iad an talamh?
Tha salann, salbitir,

You must fashion locks
Made of iron, with rings,
And fasten them tightly
Around the waist of each spouse,
Each girl's nether regions,
Lest they be attacked.

How weird is the spirit
That grew in these codgers,
With no drop of fine wine
No tea except porridge;
With no elegant cups
To keep their drinks chilled,
But a pot from burnt embers,
And a ladle stretched on it.
If precious waters
Were to go down in those bodies –
Or substantial lives –
They'd be full, red and firm;
They'd be brasher than cockerels,
Than rutting red roe deer.
Were they forest creatures
They would fuck an oak.

Won't you castrate the codgers
Before they sully the earth?
They've salt and saltpetre,

Agus nitir nan tarraibh;
Sparraibh an glocain,
Sean chlachan na' stalan,
'S fodha, feannaibh na pocain,
Le 'n cochallaibh geàrraibh;
Gu bheil iad cho bocail,
Lochdach le 'm ballaibh,
Gu sìolachadh *bhastards*,
Cho lìonmhor ri gaineimh:
Mhoire nach iadsan
A cheangal nan caignibh,
Mar thachras air soitheach,
Do mhadraidh air ghasradh.

'S ioma tè dh'fhalaicheas
A h-aodann le tonnaig,
Mas teirig a' bhliadhna,
O fhaoisgnidh ur sgonnain;
Na mnathan na' laomaibh,
A' caoineadh mu 'm pollaig,
Chionn am buinnig le faoineachd,
Airson gaol na' seann chroman.
Gura h-oillteil an taom,
Sean daoin' an dèis cromaidh,
Am bathais air maoladh,
'S an aois air an lomadh;
Ana-mianna feòil-chlaonte,

And nitre in their loins.
Thrust forward the bung,
The old balls of these stallions:
Beneath, flay their bags,
And shorten their hoods.
For they're still so spritely,
Their malevolent members
That seminate bastards,
As abundant as sand.
O Mother of God
Bind them in torment,
As happens on ships
To hounds in heat.

Many women will hide
Their faces with mantles
Before the year is out
At the bursting of their pipes.
These women gone to seed
Will lament their quern-handles,
Being conquered by foolishness,
Old hunchbacked love.
The torrents are hellish
When these old men bend over,
Their foreheads have receded,
Since age laid them bare.
Depraved flesh's lechery

Gan tarraing gu connan:
Le geàrr-sgian nach geàrr sibh
Ast' an dà bhalla.

Ann a' madainn ur n-aimsreach,
Gum b' ana-bith ur solas,
Nuair th' agaibh cho anmoch,
Làn dà lampa de dh'ola;
Seann daorach ur n-ana-brais,
Chan fhaodar a mholadh;
Gun theirig ur n-aogasg,
'S gun a chaochail ur solaidh:
Nur tomaibh le gaoisid,
'S an aois air ur roladh;
Gun phreasaich ur n-aodainn,
'S gun dh'aognaich ur boladh;
Gun tharraing an t-aog
A sheul air ur gnùisibh;
'S cha mhòr nach do ghearradh
Leis snàithean ur cùrsa.

Leads them to lust:
Won't you use your dirk
To cut off their pricks?

In the morning of your time
Your light is amazing,
When so late in the day
You've two lampfuls of oil.
Old drinkers, your lust
Cannot be lauded
Since your features are wasted,
Your profit has died;
In your hillocks of hair,
Age having rolled you,
Your faces are wrinkled,
Your breath has gone stale.
Death has stamped
His mark on your faces;
And they're almost cut by him,
The threads of your lives.

Siud i a' chulaidh, 's cha b' i 'n ulaidh

Alasdair Mac Mhaighstir Alasdair c 1698–c 1770

Siud i a' chulaidh, 's cha b' i 'n ulaidh,
    Gu bhith cullainn garbh oirre –
Cullainn a' bhuilg bhuidhe bhoicinn,
    Leagh am bod a' mhealg aiste.

Mìle marbhphaisg air an trustar,
    Guitear nam ball feardha,
An t-ospadal an tric na bhàsaich
    Màgan de bhrill mheardha.

Thusa a' tarraing às do bheul prionnsa,
    A phumpa nam bod meala-mhìn.
Acarsaid nan con 's nan gillean –
    'S tric a sgiol iad d' earball.

'S tric a chigil iad do bhrillean
    Nad dhubh innis tharra-gharbh,
Spreillean do chamais air rùsgadh
    Le sìor lùisreadh Ghalla-bhod.

There's the piece, no masterpiece

Alexander MacDonald

There's the piece, no masterpiece
    When you beat her roughly,
With yellow, goat-belly strokes –
    The cock melted its milt.

A thousand curses on the whore
    The gutter for men's pricks,
The hospital where often died
    Hordes of merry dicks.

Would you bad-mouth the Prince,
    You pump of honeysmooth cocks?
You harbour of dogs and servants:
    They often flayed your buttocks.

They often tickled your clitoris,
    Your black thick-bellied paddock:
Your blubber-lipped bay is stripped
    By thrusting Lowland cocks.

Chladh thu d' fhuil is d' fheòil is d' igh' riuth'
　　Le d' dhiombas, a dhearg bhana-bhèist;
An coltolis memento mori
　　Ceann gun fheòil gun eanraich.

Ceud mìle marbhphaisg don trustar,
　　Gulfa nam breall ceanna-chruinn –
'S tric a bhàsaich ann ad noig-sa
　　Gnos de bhod le steallairean.

You spawned them blood, flesh and fat
    In your lust, you red she-beast;
You *coltolis memento mori*
    A head without broth or meat.

A hundred thousand curses on the whore,
    The gulf of round-headed pricks –
Often there died in your nook
    A snout of a spurting dick!

Tinneas na h-Urchaid

Alasdair Mac Mhaighstir Alasdair c 1698–c 1770

Air fonn Tha mi fhìn suarach mu ghruaman an t-sean duin'

Gu bheil tinneas na h-urchaid
Air feadh Àird nam Murchan,
Ri sìor ghabhail phurgaid
Chur turaraich nan ceann orr'.

Na fir làn den ghalar,
Gu ruig' an smior chailleach,
A' feara-buill air faileadh
Grad-chaillidh iad feann ris.

Na mnathan air sgioladh,
'S an àirnean air sileadh
An clap air am milleadh;
'S am brilleana feannta.

An Cogais dan criomadh,
'S am mionach dan sginneadh
An sùilean dan dinneadh
'S am binid air teann'adh.

Gonorrhoea

Alexander MacDonald

To the tune Tha mi fhìn suarach mu ghruaman an t-sean duin'

Ardnamurchan, it appears,
Is rife with gonorrhoea,
And the search for panaceas
Is queering folk's heads.

Men are so badly infected
Their spine-marrow's septic,
Their man-members are fetid
And shedding their skin.

Women are so badly stripped
That their kidneys drip,
And their clits have been ripped
Up and crippled by clap.

Their Conscience is gnawing them
Their bellies are swelling them,
Their eyes are sinking them.
Their guts tighten them up.

An cridhe dam bioradh
'S an tilgeadh dan sireadh
'S an laigse gam pilleadh
Gu minig d' an an-toil.

Teudan is gusgal
Gan tarraing om busaibh
'S am mèillean ro ruiteach,
'S am pluicean làn sleamhnain.

An craiceann da sgreagadh,
'S an earrach air peasgadh;
Muir ghàgach làn teasa,
Mar ghreadadh na feanntaig.

Thig oirbh euslaint coimheach
Bolgach, plàigh agus clòimhin
Gur sgrios is gur clòthadh,
Mar eich bhrothach bhios seunta.

Their hearts are pricking them
Vomit is following them,
Their weakness returns them
Often to their lust.

Harp strings and rubbish
Are sicked from their dishes;
Their cheeks – all reddish –
Are jammed full of spit.

Their skin has dried up,
Their tails are chopped up;
A hot leaky sea
Like the burning of nettles.

Foreign sickness will strike you,
the pox, plague and ague,
they'll destroy and subdue you –
nags enchanted by mange.

Gonorrhoea

Alexander MacDonald

To the tune Tha mi fhìn suarach mu ghruaman an t-sean duin'

Ardnamurchan it appears
is rife wi' gonorrhoea,
an' the sairch for a panacea
is raivlin fowk's heids.

Men are sae sair infectit
thair spine-merch's fair septic,
thair tossles are fetid
an' castin thair skins.

Queans are richt sair bestrippit
thair kidneys are sypit,
thair clits hae been ryvit
and hirplit wi' clap.

Thair Conscience aw knappit
thair kytes aw shuitit
thair een aw prannit,
guts knottit wi' cramp.

Thair herts are deivin 'em,
the bowk is seikin 'em,
but waikness, prickin 'em,
swicks 'em back to thair lust.

Hairp strings are graiplit
wi brock frae thair thrapples;
thair chafts, aw reid dappelt,
are lippit wi spit.

Thair skin aw scruifit,
thair dowps aw hackit:
a sea bylin an' walteret,
the brislin o' thristles.

Fremd feeries will ding ye
wi' pox, pest an' ague,
thay'll fyle an' connach ye –
like nags taiglet wi mange.

Ailein Duinn

Anna Chaimbeul †c1768

Ailein Duinn, ò hi shiùbhlainn leat,
Hao ri rì iu ò hì o hù gò rionn ò
Ailein Duinn, ò hì shiùbhlainn leat.

'S mòr an diù tha tighinn fa-near dhomh
Fuachd na sìneadh 's meud na gaillinn
A dh'fhuadaich na fir on charraig
'S a chuir iad a bhòid' gan ainneoin –

Cha b' e siud mo rogha cala
Caolas Shiadair anns na Hearadh
Far am faicte fèidh air bearraidh,
Coileach dubh air bhàrr gach meangain.

Ailein Duinn, a mhiann nan leannan,
Chuala mi gun deach thu fairis
Air a' bhàta chrìon dhubh dharaich;
Mas fìor sin, cha bhi mi fallain –
O, a-chaoidh cha dèan mi banais.

Brown-haired Alan

Anne Campbell

> *Brown-haired Alan, I'd go with you,*
> *Hao ri rì iu ò hì o hù gò rionn ò*
> *Brown-haired Alan, I'd go with you.*

Huge worries are wracking me.
The spreading cold, the strong gale,
Has cleared men from the rocks
And carried them away helpless.

I'd not have chosen your harbour
In Harris, in the straits of Shader,
Where deer are seen on ridges
And black cockerels sit on the branches.

Brown-haired Alan, desire of lovers,
I heard that you were drowned.
The mean black oak boat went over,
If it's true I'll never come round.
Oh, I'll never be married.

Gura mise tha gu deurach:
Chan e bàs nan uan sa Chèitean
No tainead mo bhuaile sprèidheadh
Ach an fhlichead tha ad' lèinidh
'S tu air bàrr nan stuagh ag èirigh
'S mucan-mara ga do reubadh.

'S truagh, a Rìgh, nach mì bha là' riut –
Ge b' e sgeir no bogh' an tàmh thu,
Ge b' e tiùrr am fàg an làn thu –
Cùl do chinn am bac mo làimheadh.

Ailein Duinn, gun tug mi spèis dhut
Nuair a bha thu 'n sgoil na Beurla
Far an robh sinn òg le chèile.

Ailein Duinn, gun d' fhuair thu 'n urram,
Fhuair thu 'n urram air na fearaibh:
An ruith 's an leum 's an sreup 's an carachd,
'S ann an cur na cloiche fairis.

Ailein Duinn, gun tug mi gràdh dhut
Nach tug mi dh'athair no mhàthair,
'S nach tug mi phiuthar no bhràthair,
'S nach tug mi chinneadh no chàirdean.

My heart is broken
Not from the death of lambs in May
Or my cattlefold, empty and bare,
But the soaking of your plaid
As you're carried over the waves,
Whales tearing you apart.

God, I wish I was with you
Whichever rock or reef holds you,
Whatever wreck the tides leave you:
Your head crooked in my arm.

Brown-haired Alan, I admired you
When you were in the English school
When we were together in our youth.

Alan, you won each honour,
Honour over all the others:
You ran, jumped, climbed, wrestled,
And threw the stone better.

I loved you more than any other
More than a father or mother
More than a sister or brother
More than kith and kin.

Nar dhìoladh Dia siud air d' anam –
Na fhuair mi dhe d' shùgradh falaich,
'S na fhuair mi dhe d' chuid gun cheannach:
Pìosan daora caol' an anairt,
'S nèapaigear dhen t-sìoda bhallach
'S ribinn gus mo ghruag a cheangal.

'S dh'òlainn deoch, ge b' oil le m' chàirdean,
Chan ann de dh'uisge, no de shàile,
'S chan ann de dh'fhìon dearg na Spàinneadh –
A dh'fhuil do chuim, do chlèibh 's do bhràghad,
A dh'fhuil do chuim, 's tu 'n dèis do bhàthadh.

M' iarratas air Rìgh na Cathrach
Gun mo chur an ùir no 'n gaineamh
No an talamh toll no 'n àite falaich
Ach sa bhall an bheil thus', Ailein,
Ged a b' ann san liadhaig fheamainn
No am broinn na muice-mara.

Let God not damn your soul
For our secret flirtation,
What you gave me without condition:
Scarfs of flecked silk and satin,
And strips of dearest, fine linen
To tie my hair in ribbons.

Despite my people I'd drink
Not water or brine,
Or red Spanish wine –
But the blood of your breast,
Of your sea-drowned chest.

I ask, King of us all,
Don't bury me in sand or soil,
Or in an earthy hole,
But wherever Alan, you are;
Whether in the tangled sea-oak
Or the belly of the whale.

Chunna' mise bean

Gun urra

Chunna' mise bean
Is mi am chadal sèimh,
Air tigheachd dhi an ear
Bu ghlan leinn a mèinn.

Dh'innsinn cuid d' a sgeul:
Bu gheal a deud 's bu dlùth;
Mar chanach an t-slèibh
A cneas fo lèine ùir.

A bràgha chearclach bhàn
Mar shneachda tlàth an doir';
Dà chìch oirr' an iar:
B' e siud miann an fhir.

Caol mala de bhìth;
A guth mar theud an loin;
A gruaidh mar an caor;
Bha i saor o chron.

Soimheamh binn a glòir;
'S deirg na 'n ròs a beul;
Mar chailce slios a taoibh;
'S fada caol a meur.

I saw a woman

Anonymous

I saw a woman
While I was calm asleep;
I liked the way she looked,
Coming on her from the east.

I'll tell you a bit about her:
Her teeth were white and straight,
Her skin like mountain bog-cotton
Under a new shirt;

Her round white bosom
Was like soft snow in a forest;
Her two proud breasts
Would stir any man's lust.

Slender brow, pitch-black hair,
Her voice like a blackbird's song,
Her cheeks like rowan berries:
She could do nothing wrong.

Her mouth was redder than roses,
Her voice was sweet and calm,
Her side a slope of chalk;
Her fingers long and slim.

Esan
'S truagh nach mis' a' fear,
Ainnir nan rosg mall,
Dan tugadh tu gràdh;
Bheirinn dhà ga cheann.

Bheirinn gràdh air gràdh,
Bheirinn mèinn air mhèinn,
Bheirinn rùn air rùn
Fad mo làith' 's mo rè.

Ise
Nam biodh do chridhe buan,
Gun ghluasad a-chaoidh,
Bheirinnsa dhuit gràdh
Mar thug Deàrd do Naois.

Esan
Buaidh is beannachd dhuit,
Do chneas mar choip an ròid;
Cha mhòr m' fhuathas dhuit,
Ach thuiginn fèin do ghlòr.

Dh'èirinn fhèin gu grad,
Leiginn às gu luath,
Shiùbhlainn mar a' ghaoth
Sìos ri taobh a' chuain.

He
It's a shame I'm not the man,
Young girl of dreamy eyes,
To whom you'd give your love:
For you I'd give love twice.

I would give love for love,
And delight for delight,
Desire for desire
All my days and nights.

She
If your heart never strayed,
If it were everlasting
I would give you love
Like Deirdre gave to Naoise.

He
I wish you blessings and the best,
Your skin the gale's spray;
Though you do not scare me,
I understand what you say.

I would suddenly get up
I would quickly yield
I would head off like the wind
To the edge of the sea.

Comhairlean Chormaic d' a Mhac a dhol a Thaghadh Mnà

Gun urra

Mhic, nuair a thèid thu thaghadh mnà,
seachainn binneadag, cinneadag is snàthdag,
seachainn a' bhinne-choilleach 's an iolach-thràigh,
seachainn uallach a' mhàille, cnap air slugan, is cas air ursainn,
seachainn na mnatha' dona, cèileiseach, guaineiseach leis am
      feàrr treis do thaighean an coimhearsnachd na sìor-ghreis
      dan taighean fèin,
seachainn na ruaidh bheaga, 's na ruaidh mhòra, 's na ruaidh
      rag-mhàsach. Chan ionnan daibhsan is do mhnathan an
      t-saoghail: marbhaidh iad am fir fèin le co-leabachas,
seachainn a' bhog-mhàsach, a' chlod-shlèiseach, 's a' gheur-
      spògach,
seachainn a' mhaoiseach mhòr o chois cladaich, aig am biodh
      an t-aisneadh mòr leathainn, luchdmhor, 's an corp teann,
      teth, tartach nach tugadh bean da grinnead frìd a-mach air a
      bolg gun ghaorradh orra.

Tagh na donna màlda, na dubha cneas-gheala, ciaraga beaga
      air dhath na luchaig; sir 's na seachainn.
Ma tha deagh bheusan ann an triùir air an domhan, 's ann an
      sin a tha iad, 's chan eil fhios cò an tè am bheil iad.

Cormac's Advice to his Son when Choosing a Wife

Anonymous

Son, when you come to choose a wife,
shun the little twitterer, the clannish one, the pert one,
shun the wood gabbler, the shore screamer,
shun the amourer's load, the gullet clogger, the front-door
    foot-jammer,
shun the hallions, the gossipers, the fickle ones who'd rather
    a jaunt to their neighbours' than an eternity at home,
shun the little red-heads, the big red-heads, the stiff-arsed
    red-heads. They're not like worldly women: they kill men
    with their antics in bed,
shun the soft-arsed, the heavy-thighed, the sharp-clawed,
shun the-lump-of-seaweed-from-the-foot-of-the-shore-with-
    broad-bulky-ribs-and-a-hot-tight-thirsty-body-who-no-
    woman-could-give-birth-to-without-a-lot-of-thrusting.

Choose the bashful brunettes, those with white-skin and
    black-hair, the small tanned ones with mousy hair: seek
    them out and don't shun them.
If there are three women in the world with good manners,
    it's among these you'll find them.

Seann duine cha taobh mi idir

Gun urra

> *Seann duine cha taobh mi idir*
> > *Hem o luil o*
> *Hòro gheallaidh o-ho-ro*
> > *Hem o luil o*

Bidh e fad ag èirigh, *hem o luil o*
Fad a' cur a thriubhais air, *hem o luil o*
Fad a' dol na èideadh, *hem o luil o*
Fad a' dìreadh bruthaich e.
> *Hem o &c*

B' annsa leam air chalm mo leapa, *hem o luil o*
Òigear tapaidh treubhach, *hem o luil o*
A leagadh mi 's a thogadh mi, *hem o luil o*
A bheireadh air an fhèill mi.
> *Hem o &c*

There's no way I'll choose an old man

Anonymous

> *There's no way I'll choose an old man*
>> *Hem o luil o*
>> *Hòro gheallaidh o-ho-ro*
>> *Hem o luil o*

He'll take a long time getting up, *hem o luil o*
A long time putting his trousers on, *hem o luil o*
A long time getting dressed, *hem o luil o*
A long time climbing the brae.
>> *Hem o &c*

I'd much prefer beside my bed, *hem o luil o*
A hardy sturdy young man, *hem o luil o*
Who'd knock me down and lift me up, *hem o luil o*
Who'd take me to the fair.
>> *Hem o &c*

Mo nighean chruinn donn

Gun urra

Mo nighean chruinn donn air bharraibh nan tonn,
a thogadh am fonn le inntinn oirnn;
mo nighean chruinn donn air bharraibh nan tonn.

Chunna mi seachad mun taca sa 'n-dè,
mo nighean chruinn eutrom mhìog-shuileach.

Smaointich mise gu rachainn cho dàn
's gun toirinn a dh'àite suirighe i.

Nuair ràna' mi 'n doras bha ghlas air mo shròin,
bha tuilleadh 's a' chòir a dhlùithean air.

Bha aon fhear gu h-ìosal 's a' trì dhiubh gu h-àrd,
's cha ruiginn mo làmh le dìcheall air.

Bha phrais a's a' rathad, 's an clobha 's a' bhrà,
's a' bhuilisg gu h-àrd a' gliongadaich.

'S an cuilean beag giobach bha 'n iomall na luatha,
thug e trì uairean ionnsaigh orm.

My plump brunette

Anonymous

My plump brunette on top of the waves,
your knowingness lifts our spirits;
my plump brunette on top of the waves.

Yesterday I saw going past the tack
My plump, attractive, laughing girl.

I thought I'd chance my arm
And take her somewhere to make love.

But when I reached her door, it was shut in my face
Belted and braced with locks:

There was one down low, and three up high,
I couldn't reach up my hand to undo them.

I tripped on a pot, on tongs, on a quern,
The pothook clinked loudly above them.

A shaggy young pup at the edge of the fire
Went at me three times like a town crier.

Nuair ràinig mi seòmar 's an t-àite robh chlann,
gum faiceadh tu ann a phrìneachan.

Nuair ràna' mi leabaidh 's ann fhuair mi i làn,
bha tuilleadh 's mo ghràdh na' sìneadh innt'.

Bha tè dhiubh rùisgte, cho dubh ris a' ghual,
tè eil' agus cuailean grìs-fhionn oirr'.

'S e nighean, mo ghràdh, an nighean bhuidhe bhàn,
an nighean as fheàrr san t-saoghal leam.

'S ann dh'èigh a bodach-se shuas le guth àrd,
'nach glac sibh an gàrlach mì-mhodhail.'

A-mach air an uinneig a ghabh mi gu h-àrd,
's a' bhriogais gun d' dh'fhàg mi 'n dìochuimhn' i.

Bu chruaidh mo thurtar a' tuiteam gu làr,
na each air an t-sràid is cruidhean air.

Mo mhallachd aig gille nam dhèidh gu bràth,
a bheireadh a bhriogais a shuirighe leis.

'S e 'n t-èileadh beag preasant' a b' fhasanta leam,
gu suidh' ann an cùirt na' nìghneagan.

When I reached the room where the girls were asleep –
Oh, if you'd only seen the pincushions.

When I got to her bed, it was full to the limit:
It wasn't only my love stretched out in it.

One girl was naked, her hair black as pitch,
Another had hair that was tinted.

Oh the girl that I love is golden and fair –
(That's the girl I like best in the world).

Her old man cried, as all hell broke loose:
'Won't you catch the scurrilous bugger!'

Out of the top window I had to escape,
Forgetting my trousers behind me.

The thud was as loud, as I fell to the ground,
As horseshoes pounding on cobbles.

From now on I'd curse any lad as a fool
If he wore trousers when out on the pull:

If to sneak into bedrooms is what you would dare,
It's the kilt you really must wear.

B' fheàrr leam dol an cùil le caileag

Coinneach MacCoinnich 1758–c 1837

B' fheàrr leam dol an cùil le caileag,
Na dol a throd ri sgiùrsair caillich,
Teangaidh bheumnach, gheur is i tana,
Is puinnsean na beul mar gath na nathrach.

I'd rather go out back with a young girl

Kenneth Mackenzie

I'd rather go out back with a young girl
Than start a scrap with a scourging hag,
Her tongue sarcastic, sharp and thin,
Her mouth venomous as an adder's sting.

Gura mi tha trom duilich

Gun urra

Na hi liu leill o
Horo mo chuachag
Na hi liu leill o

Gura mi tha trom duilich air m' uillinn san luachair,
Mi ri buachailleachd sheasgach nach tig feasgar gu buaile.

Mi ri buachailleachd sprèidhe nach toir leum as a' bhuaraich,
Chan e cùram an àitich tha gam fhàgail fo ghruaimean.

Ach eagal mo chuspair ma chumas iad uam e,
Cha b' fhada bhiodh mo leannan tighinn à beannaibh a' chuailein.

Tha mo cheist-s' air a' ghille aig 'eil fios air na h-uairean,
Aig 'eil fios air a' mhionaid air an ruigeadh e ghruagach.

Chan e uisg' an lòin shalaich, thug mo leannan an cuan leis,
Uisge-beatha na' Spàinneach, fìon làidir gun truailleadh.

I'm mightily sad

Anonymous

Na hi liu leill o
Horo my young girl
Na hi liu leill o

On my elbows I'm mightily sad in the reeds,
Tending the herd on the hill all evening.

Herding dull cattle that won't jump their shackles:
It's not the hassles of farming that leave me depressed.

But the fear of my fate if they keep us apart:
My sweetheart will come from the curls of the mountains.

I long for a young man who well knows the hours,
Knows the very minute he reaches a young girl.

My love took to sea not a tide-pool's foul brine,
But the whisky of Spaniards, the purest strong wine.

Eachainn an Slaoightear

Gun urra

Eachainn a mheàrlaich, is mìsteara dàn' thu,
    Bidh tu nam fhàsaich 's dam chur air mo dhruim –
A h-uile Dimàirt a' cluich air mo chlàrsaich,
    'S ged thigeadh tu màireach cha bhiodh i cho binn.
Bidh tu air thulaichean, bidh tu air bhealaichean,
    Bidh tu gam leantainn bho chladach gu beinn,
Bidh tu gam fhannaradh leis an rud fhada
    Nach comas do chaileig a shamhailt a sheinn.

Eachainn a ghàtair, thug thu dhomh tàire
    Oidhch' air an àirigh 's mi ris an nì –
Leag thu air blàr mi 's chaill thu do nàire,
    'S ghlac thu le fàth mi na do dhroch lìn.
Bha thu gam fharaban, bha thu gam theannachadh,
    Bha thu airson mi bhith ceart air mo dhruim;
'S fhuair mi dhe d' an-shocair eadar thu 's talamh
    Na dh'fhòghnadh san earrach do ghearran a' chroinn!

Hector the Rascal

Anonymous

Hector, you thief, you presumptuous bugger,
    I'm chucked on my back and you enter my woods;
You come every Tuesday to strum on my harp-strings,
    But if you come tomorrow they won't sound so good.
You'll be in my knolls, you'll be in my passes,
    You'll follow me up from the shore to the peaks,
You'll make me feel faint with the length of your member –
    The likes of which no girl could sing of or speak.

Hector, you conman, you showed me contempt
    That night at the shieling, and me at the kine;
You bundled me over, lost all sense of honour
    And ambushed and trapped me; I snagged on your line.
You wanted to grope me, you wanted to pump me,
    You wanted me prone in the bracken and ling;
From you and the ground I got nothing but chafing
    Like the rump of a gelding that's ploughing in spring.

Eachainn a shlaoightir, fhuaradh san fhoill thu,
    Ghoid thu mo mhaighdeanas, mhill thu mo phrìs,
Fhuair thu dhem chaoimhneas rud nach do thoill thu,
    Chuir thu fo chloinn mi leis a' bhior-shnaois.
Bha thu cho carach 's cho bronnach 's cho bruanach
    Ri sionnach nam bruach a mharbh Mac a' Phì –
Gheall thu dà uair mus deach thu air m' uachdar
    Nach togadh tu suas ri gin ach mi fhìn.

Eachainn, bu chianail rinn thu mo riasladh,
    Fhuair thu na mhiannaich thu sa ghlaic-fhraoich,
Bhrist thu gach dìon bha glèidheadh mo chiaraich
    'S leig thu 'm boc liath dheth ceangal nan taod.
Nuair fhuair thu mi 'm aonar rinn thu na dh'fhaod thu,
    Thog thu mo ghùn, leig thu ghaoth gu mo bhroinn;
Is mise bha aobhach mur bitheadh a mhaoilead –
    An ceann a bha saor dheth bu chaoil' e na roinn!

Hector you cad, you were caught in the act,
    You stole my virginity, I was defiled,
You took of my kindness what you did not merit,
    Rammed me with your bow-sprit and left me with child.
You were as cunning, as well-fed and pounding
    As the fox of the banks that was killed by MacPhee:
Two times you promised, your foot in the stirrup,
    You'd not throw your saddle on any but me.

Hector, you're awful, you tore me to pieces,
    You got what you wanted on heathery slopes,
You broke each defence that protected my twilight
    And set the grey billy-goat free from his rope.
You got me alone and you did what you wanted,
    You lifted my gown, let the wind up my womb;
I'd have been stoked with it but for its bluntness –
    Its free end was lean as the rod of a loom!

An Seudagan Beag Greannmhor

Gun urra

He ho-ro, mo sheudagan,
Air d' aghaidh ho, nach èirich thu?
Cia fàth nach leig sibh èirigh
Le mo sheudagan beag greannmhor?

Mo sheudagan beag cluaineiseach,
Ged dh'èireadh tu cha b' fhuathach leam;
Bha gaol aig mnathan uaisle dhut,
'S tha clann na tuatha 'n geall ort.

Nach neònach leibh mo sheudagan
Na mnathan bhith cho dèidheil air
'S gun leig iad fon cuid lèintean e
'S nach eil ach creutair cam ann.

'S ioma baintighearn' oighreachdan
Dan robh mo sheud-sa caoimhneasach;
'S bu tric a dh'fhàg am maighdeannan
Le 'n obair oidhche fann e.

The Lovely Little Jewel

Anonymous

Hè ho ro my little jewel,
Get on, oh, won't you rise?
Why won't you let it rise-o
My lovely little jewel?

My bashful little jewel,
If you rise, I won't be angry,
since you make noble girls
and farm-girls drool for you.

It's strange my little gem
is so *en vogue* among the women
they lift their shirts up for him,
such a squinty-eyed wee brute!

There are many landed ladies
whom my jewel has attended;
their housemaids then would leave him
weak after their night's work.

Mo sheudagan beag aighearach,
Bha spèis aig mnathan-taighe dhut,
'S an àm a dhol a laighe
Bu tu 'n aighear fon a' phlangaid.

Tha 'n seudagan cho buaireanta
Nuair bhios mi 'm measg nan gruagaichean
'S mur ceangail mi le suaineadh e
Gum bi e suas gun taing dhomh.

Tha 'n seudagan na bhaothsgaire,
Cha leig e fois fon aodach dhomh
Le thogaird anns a' chaonnaig
Ged tha maol air is e ceannrùisgt'!

Cha bhi mi fhìn fo ghruaimean ris
Ged dh'èireadh e air uaireannan;
Ach dearbh is adhbhar buairidh dhomh
Nuair ghluaiseas e do m' an-toil.

'S na he ho-ro mo sheudagan,
Gun leig mi laighe 's èirigh leis,
Chan aithne dhomh cho èibhinn
Ri mo sheudagan beag greannmhor!

My joyful little diamond,
the housewives they all love you:
when it comes to bedtime,
you please them under the duvet.

My wee jewel's such a terror
when I'm in among the lassies
unless I keep him tethered
he'll rise up – no thanks to me!

My wee jewel's such a wretch,
that he gives my pants no peace:
he's so keen he causes carnage
though he's bareheaded and bald!

I wouldn't be upset
if he only rose sometimes;
but what really does my head in's
when he's up against my will!

Hè ho ro my little jewel,
I let him rise and fall –
I know nothing that's so funny
as my lovely little jewel.

Dòmhnallan Dubh

Gun urra

Thuirt mi fhìn ri Dòmhnallan Dubh,
Mo ghràdh dìleas, Dòmhnallan Dubh,
Rùn mo chrìdh-sa, Dòmhnallan Dubh,
    'S mì nach iarradh idir air sgur.

'S iomadh caileag bhòidheach bheusach
A tha 'nochd air sràid Dhùn Èideann
Thogadh a còta 's a lèine
    Chionn 's gun èireadh Dòmhnallan Dubh.

Chaidh mi 'n-dè far an robh sagart,
Rinn mi m' fhaosaid 's thuirt mi paidir
'S rud eile nach faod mi aithris –
    Coma leat, leig seachad e 'n-diugh.

Tha luchd-briotais a' toirt beum dha
Airson cobhair air na feumaich –
Nach eil tè a bhios na h-èiginn
    Nach faigh leum de Dhòmhnallan Dubh.

Nach saoil sibh gur olc a' chomain
Air duine dhèanadh an obair
Fichead marg de dh'airgead bogaidh
    Bhith ga thogail seachdain o 'n-diugh?

Little Black Donnie

Anonymous

I said to Little Black Donnie,
My loyal darling, Little Black Donnie,
My heart's desire, Little Black Donnie,
    I'd never ask him to stop.

Many a girl, pretty and polite,
Out on the Edinburgh's streets tonight
Would lift her petticoat and chemise
    When Little Black Donnie rises.

Yesterday I went to see the priest,
Made confession, said an Our Father,
And did something else I can't really say –
    Let's let that pass for today.

Gossiping folk give him abuse
Because he helps the needy,
And how every damsel in distress
    Can bank on Little Black Donnie.

Don't you think the pay's a sin
For a man who can do the work:
A week's worth of immersion
    For just twenty merks?

Gun d' ràinig mi bhean bu ghlice
Chum 's gum faighinn tuille' fiosraidh
'S thuirt i gur e brochan lite
    Biadh bu bhrisge do Dhòmhnallan Dubh.

Nuair a fhuair mi fhìn an litir
'S a leugh mi gach nì mar thuiginn,
Nan cumainn air brochan tric e
    Cha robh sgrìd an Dòmhnallan Dubh.

Gur diombach mis' air a' chaillich
A dh'òrdaich dha 'm brochan bainne
Gus an dh'fhàs a bhuill cho lag
    'S nach robh math an Dòmhnallan Dubh.

Feumar aran, feumar annlan,
Uisge-beatha 's bainne gamhnach,
Feumar peabar far na Galldachd
    Dh'fhàgas teann mo Dhòmhnallan Dubh.

Nuair a thèid gach nì mar gheall mi
A thoirt dha gu Oidhche Shamhna
Chan eil cailleach an Cill Amhlaigh
    Dh'fhàgas fann mo Dhòmhnallan Dubh.

I went to see a wise woman
To get the best of her acumen;
She said oatmeal porridge would liven
    Up Little Black Donnie.

When I received her letter
I followed every word;
With porridge there'd be no let up,
    No stopping Little Black Donnie.

Now I'm filled with rage at the hag
Who prescribed him milky porridge;
His member grew so weak
    You couldn't waken Little Black Donnie.

I need bread and some cheese,
A farrow cow's milk and whisky,
And pepper from the Lowlands,
    To stiffen my Little Black Donnie.

If I tend him as I've promised
With these things till Halloween
There's no cailleach in Kilaulay
    Will weaken my Little Black Donnie.

Criomagan à Kryptadia

Gun urra 1907

I

Ged a tha 'n gille dubh gun chlann,
Cha b' e choire fhèin a bh' ann;
'S ann bha chaileag air a chall
Nuair thàinig èiridh air a bhall.

II

Tha biodag aig MacAlasdair
Dh'itheadh i mar ghearradh i;
Tha biodag aig MacThòmais
Tha biodag leobhar mhòr aig'.

III

Ma choinnicheas caileag òg mi,
'S gun dòigh aice air gluasad,
Bidh mise ga turaman
'S gurrach air a h-uachdar.

IV

Chuir e làmh air pit na caileig
'S shaoil leis gur e 'n t-ìm a bh' aige
'S spairt e 'n rud ud innte.

Fragments from Kryptadia

Anonymous 1907

I
Though the black lad has no kids
The fault isn't his;
The young girl wasn't there
When his penis rose.

II
MacAlasdair has a dirk
That would eat as it cuts,
Thomson has a dirk
He has a lower, large dirk.

III
If a young woman meets me,
With no way of escaping,
I'd rock
And hunker on her top.

IV
He put his hand on the girl's cunt
And thought that he had butter
So spattered that thing in her.

V

Thog mi orm gu brogail,
'S beul an anmoich agam;
Cha b' ann crom mar bhodach,
Ach gu fada caol.

VI

Loisg a' chailleach a camas le èibhleig,
'S cha bhi feum innt' tuilleadh ri beò.

VII

Nuair thigeadh tràth-nòin,
Bhiodh a taigh-se na fhròig
Le dorchadas mòr gun lèirsinn,
Bhiodh a' chaileag na stoc
'S a dà làmh ma glùn mòr
'G amharc air èi'leig eadar dà fhòid.

VIII

Chan fhaod Eòghann carachdainn,
Chan fhaod Eòghann èirigh,
Chan fhaod Eòghann carachdainn:
'S a bhanaraich gun èirigh.

V

I went at it with vigour
In the mouth of the night
Not bent like an old man
But long and narrow.

VI

The old woman burnt her bay with a cinder
And won't need it the rest of her life.

VII

When afternoon came
Her house would be a den,
So dark you couldn't see,
The girl would be a post
Her hands round her large lap
Watching a cinder burn between two peats.

VIII

Ewen cannot stir
Ewen cannot rise
Ewen cannot stir
Without the milkmaid rising.

IX

Na gabh tè ruadh, bidh i gluasad moch,
Bidh i laigh' an cùil, bidh i dubh san tòin;
Na gabh tè bheag, beadarag a màthar,
Bidh i tric' tinn, 's chan eil innte ach plàigh;
Na gabh tè mhòr, bidh i gobhlach àrd,
Na gabh tè chruaidh, bheir i bhuat am *biathas*.

X

Seo agaibh Iain Mòr nan each
Chur nam ban an òrdugh;
Thuirt Grace ri Màiri Dhùghallach,
'Tha mo gobhal-s' air a ruagadh:
Faigh uil' an ròin dhomh.'

XI

Tha rud nach eil tha saoilsinn sa mhuileann dubh.
Tha nead na circe-fraoich sa mhuileann dubh.
Tha ministear na glaodhaich sa mhuileann dubh.
Tha Sanndaidh Ruadh 's braoisg air sa mhuileann dubh.
Tha an Donas fhèin 's taod air sa mhuileann dubh.
Bidh muileann dubh air fhògarlaich 's e togairt dol a dhannsa.

XII

Obair gu dian air a glùinean,
Aois agus tùr ga sheòladh,
'S i air a druim gu h-umhail,
'S esan air an stiùir na ònrachd.

IX

Don't take a red-haired woman – she'll rise early,
She'll lie in nooks, she'll have a black arse;
Don't take a little one, a mother's pet
She'll often be ill, and nothing but a plague;
Don't take a big woman, she'll be high forked,
Don't take a hard woman, she'll take all your warmth.

X

Here's Big John of the horses
Who puts the women in order;
Grace said to Mary MacDougall,
'My crotch's been skinned:
Get some seal oil for me.'

XI

Something you won't expect is in the black mill.
The moorhen's nest is in the black mill.
The minister is crying out in the black mill.
Red Sandy is grinning in the black mill.
The Devil himself has a halter on in the black mill.
The black mill will be exiled since it makes us want to dance.

XII

At work on his knees
Directed by sense and age
With her on her back, submissive,
And he steering her alone.

XIII

Bha 'n còta deas,
Gu tioram deas,
Bha còta deas aig Ruaraidh,
Bha còta bean na bainnse
Gu tioram teann aig Ruaraidh.

XIV

Bhith ruith nan caileag cùl nam preas,
'S e 'n fhèile-bheag is docha leam;
Bhith ruith nan caileag cùl nam preas,
'S e 'n fhèile-bheag is àill' leam.

XV

Ho, idel idel i
Chunna' mi do *ideli*
Chunna' mis' an smeòrach.

XIII
The lovely coat
Was ready but dry,
Roddy had a proper coat,
The bride's coat
Was dry and tight for Roddy.

XIV
Chasing the girls behind the bushes
I prefer to wear a kilt.
Chasing the girls behind the bushes
I like to wear a kilt.

xv – *recited by a woman of a man wearing the kilt*
Ho, idel idel i
I saw your *ideli*
I saw the songthrush.

Dàin Eile XVII

Somhairle MacGill-Eain 1911–96

'N e do mhiann bhith eadar slèistean nìghne
'S do bheul air blàth a cìochan
'S an t-Arm Dearg an èiginn àraich
Air a shàrachadh 's a riasladh?

Other Poems XVII

Sorley MacLean

Do you really want to be between a girl's thighs
Your mouth on her flushed breasts
While the Red Army is battle-spent
Distressed and ripped to shreds?

Nighean Nochd

Somhairle MacGill-Eain 1911–96

Ràinig an nighean soilleireachd shrùlach;
chuir i dhìth is sheas i rùiste,
a cumadh cneas-bhàn geàrrt' sa ghrèin ghil,
sodalaich nan gath ra slèistean,
ra cìochan daingne cruinne leugach,
ra broinn sheang mhìn àlainn
agus ri cuimireachd a màsan.

Naked Girl

Sorley MacLean

The girl reached a streaming clearness;
she undressed and stood naked,
her fair-skinned shape carved in the white sun,
the flatter of the rays on her thighs,
on her firm, round, jewel-like breasts
on her slim, sleek, lovely belly
and the symmetry of her buttocks.

Bho Aoir an Luchd-Riaghlaidh

Dòmhnall Mac an t-Saoir 1889–1964

A Dhùghaill Chìobair, a nàbaidh,
Cha b' fhealla-dhà leam a chunntais
A h-uile h-uan thug thu cràdh air
'S e call gu bràth bhith na rùda,
Ach 's beag a shaoil leat, a chrìosdaidh,
A liuthad biadh a bha sùghar
A thug thu asta le d' fhiaclan
'S a thilg thu dh'ìochdar an dùnain
    Gun toirt fa-near.

Nach ort bhiodh an t-ioghnadh
Gum bi mi smaointinn air uairibh
Nam biodh tu oidhche dhe d' shaoghal
A-muigh air aoigheachd aig uaislean,
'S tu faicinn maighdinn aig bòrd ann
'S dath an òir air a cuailean,
Na suidhe, rùisgt' air do bheulaibh
A com 's a cìochan 's a guaillean,
    'S i 'g ithe chlach.

From A Satire on the Ruling Class

Donald MacIntyre 1889–1964

My shepherd neighbour, Dougall,
I'd hate to count the lambs
That you manked and mauled
That missed out on being rams;
But little would you believe
How much juicy meat
You tore off with your teeth,
And tossed onto the shite heap,
    Unawares.

What I sometimes think
Is that you'd be flabbergasted –
If you were for just one night
The aristocrats' guest: you'd
See a young lass at table,
A trace of gold in her hair,
Sitting there naked,
Her chest, shoulders, breasts bare,
    Scoffing balls.

Bho Aoir Mhussolìnidh

Dòmhnall Mac an t-Saoir 1889–1964

Ruitheadh e na glinn 's e gan cuairteachadh,
Gan gearradh le sìnteagan uabhasach,
'S na fearaibh na luirg gus feannadh a' bhuilg
Mar gum biodh coin-sheilg is madadh-ruadh aca:
Thàinig iad ma cheann, thug iad às na bh' ann,
Liodairt iad e, dh'fheann iad e, luairc iad e,
Bhreab iad e mun bhreall, dh'fheadaraich iad rann
'S rinn iad maighstir dannsair nan cuaigean dheth
Gus an robh e mall, gus an robh e dall,
Gus an robh e call ma bha fual aige;
Dhroint iad air a dhroll, loint iad e sa pholl,
Spoth iad às am ball a bha fuaighte ris,
Dh'fhàg iad smiogaid mhòr, na bruidhinn 's na bòst
Gun uiread de threòir ann 's gun gluaiseadh e,
Na laighe ann an lòn, faghar air a shròin,
'S aghaidh ris an Ròimh air a tuairneachadh.

From A Satire on Mussolini

Donald MacIntyre

Surrounded, he ran to the glens
taking wild leaps to escape the men
who were following his tracks to flay the skin from his back
like pack-hounds with a fox in their teeth:
he was caught in a trap, and stripped of his crap,
they pummelled him, whacked him and flogged him.
As they whistled a lick, he was kicked in the dick
made to quick-step a stiff-legged strathspey;
till he fell to his knees, was unable to see
and had pissed what was in him of pee.
He was laid on his back, and rolled in the cack,
and had hacked off the balls that hung from him.
The huge chin that once wagged with boasts and with brags
was left sagging, unable to move:
lying in a pool, his face covered in drool,
a fool with his face turned towards Rome.

Madainn Earraich

Iain Crichton Mac a' Ghobhainn 1928–98

Tha am bùrn a' ruith anns na pìoban
tha dìtheanan buidhe anns an uinneig.
Na do sgiort ghoirid
tha thu coiseachd sìos an t-sràid.
Tha d' ùbhlan a' gluasad a-null 's a-nall.

Spring Morning

Iain Crichton Smith

The water's running in the pipes
there are yellow flowers in the window.
In your short skirt
you're walking down the street.
Your apples move back and forth.

Bho Mas e Ghàidhlig an cànan

Iain Crichton Mac a' Ghobhainn 1928–98

Mas e Ghàidhlig an cànan
a bh' ac' ann an Eden
carson a bha Eubha
na suidhe gun aodach
's a cìochan neo-dhiadhaidh
cho saor ris na gaoithtean?
Bha fear dubh ri a cliathaich
le feusaig 's le Bìoball
's e uabhasach fiadhaich
le pathadh gun fhaochadh.

From If Gaelic was the language

Iain Crichton Smith

If Gaelic was the language
spoken in Eden
why was Eve
sitting naked
and her ungodly breasts
as free as the winds?
By her side a dark man
with a beard and a Bible
terribly angry
with an unceasing thirst.

Flùr an Fhàsaich

Pàdraig MacAonghais

A fhlùr an fhàsaich
tha thusa air mo bheulaibh
air suidheachan na trèana.
Chan eil fios a'm cò thu
no cò air a tha thu dèanamh,
ach tha fios a'm air seo,
gu bheil thu brèagha
's gu bheil do liopan
's d' fhalt gathach grianach
's an lannair a tha leum
's a th' air an tasgadh na do shùilean
a' dèanamh tàir orm.

Thàinig thu a-staigh aig aon stèisean
agus falbhaidh tu aig t' èile
agus bidh tu rè seal
mar sholas nam inntinn.

Nam b' urrainn dhomh leum
an doimhneachd a th' eadarainn
dhèanainn sin – ach chan eil dol às ann.

Desert Flower

Pàdraig MacAonghais

O desert flower
you are in front of me
on your seat in the train.
I don't know who you are
or where you are heading
but I know this:
that you are pretty
and your lips
and your radiant sunny hair
and that sparkle jumping
and hoarded in your eyes
ridicules me.

You got on at one station
and will leave at another
and for that short while
will be a light in my mind.

If I could leap
the depth between us
I'd do it – but there's no escape.

Chì mi thu a' falbh eadar baile agus baile.
Seo agad an stèisean, feumaidh sinn dìreadh.
Chì mi thu a' dol à sealladh
sìos an t-sràid gun chrìoch
a' marcachd ait do cheann uallach
a' sadail do chuaileanan
a' bàsachadh
mar bhoinne uisge air fàire.

I see you going between town and town.
This is the station; we have to get off.
I see you passing from sight
down the endless street
happily riding your stately head
tossing your hair
dying
like a raindrop on the horizon.

A' Chìs

Màiri NicGhumaraid 1955–

Do thac-sa ri oisean a' bhalla
clach fhuar, ghlas
na h-uaghach dhutsa
bhon t-saoghal bhon do theich thu
's tu beò a' cumail ceum ri sràid bho shràid.

Dè a' bhrìgh a th' aig na facail air a' bhalla dhutsa?

Cha tusa Moire Magdalene
ach tè den ghrunnan
a' sireadh 's a' strì air Harlem NY City.

Brògan gleansach
's còta de shìoda dubh –
sìoda air choreigin –
do liopan air dhath na fala mu bheul cupa
's do chridhe reothadh iomadh cuimhne.

Cò thuirt gun toireadh dolair no dhà
gu taobh thall na sràide thu?

Cò gheall dhut fàilte
bho thaobh a-muigh an dorchadais?

The Tax

Mary Montgomery

Propped up by the corner of the wall
a cold, grey stone
a grave for you
from the world you fled from
as you kept alive stumbling from street to street.

What do the words on the wall mean for you?

You are not Mary Magdalene
but one woman among many
looking and fighting for Harlem NY City.

Shiny shoes
and a black silk coat –
some kind of silk –
your lips the colour of blood round a cup rim
and your heart freezing every memory.

Who said that a dollar or two
would bring you to the other side of the street?

Who promised you a welcome
from outside the darkness?

Cha laigh mo cheann

Meg Bateman 1959–

Cha laigh mo cheann
an sin nad chliabh,
chan fhuasglar a' mhiann
a tha reubadh mo chuim,
's ged nach caisgear ruith na fala,
chan e sin a tha gam chiùrradh
ach an sealladh a bha nad shùilean
's mi gad thionndadh air falbh acrach.

My head won't lie

Meg Bateman

My head won't lie
there on your side,
there will be no relief
for the desire tearing my body,
and though my blood won't be still
that isn't what's torturing me
but the look in your eyes
and me turning you away hungry.

Ùirsgeul III

Crìsdean MacIlleBhàin 1952–

Cha robh mi riamh socrach aig pàrtaidhean,
ach b' e sin pàrtaidh tùs ar sgeòil.

Is fheudar dhut deoch a bhith nad làimh,
gun a slugadh sìos ro chabhagach,

is fheudar dhut bruidhinn ri cuideigin
no seasamh dlùth ris, air eagal gum bi

coltas ro aonranach ort, is tu sireadh
fhaclan aotrom neo-chiallachail.

Is neònach sin – cha do mhothaich mi dhut.
An tàinig thu romhan? Robh thu nad shuidhe

air an uirigh, is mise cuideachadh sa chidsin?
Bha siud cho mìorbhailleach, cho sìmplidh.

Chaidh èibhneas a fhreumachadh nam chrè
dh'fhosgail a dhuilleagan gu h-obann,

ged nach robh craobhan Athole Gardens
a' ceiltinn tùr an oilthigh fhathast.

Myth III

Christopher Whyte

I never have liked parties, but
a party's where our story starts.

You have to keep holding a drink,
not gulp it down too hurriedly,

keep chatting to someone, or at least
stand close by them, in case you might

look lonely, and string together
light-hearted, insubstantial words.

How strange – I didn't notice you.
Had you got there before me? Were you sitting

on the couch while I was helping in the kitchen?
It was all so unbelievable, so simple.

An exaltation took root in my flesh
opening its leaves immediately

even though the trees in Athole Gardens
had not yet hidden the University tower.

Bu chraobh-ubhail nam buadh thu,
m' fhiùran fonnmhor, aigeant', seang,

gad stèidheachadh an sìtheanan
on tug thu neart is biathadh.

Dh'abaich thu fad an t-samhraidh sin
measan sùghmhor gàirdeachais.

Sheinn mo bhàrdachd na do dhosraich.
Tha do shnodhach na mo chuislean fhathast.

You were the priceless apple tree,
my headstrong, slim, melodious sapling

rooted in enchanted mounds
that gave you strength and nourishment,

ripening that summer through
fruits of juicy laughter.

My poetry sang in your branches.
Your sap's still running in my veins.

Translated by the author

Ùirsgeul VI

Crìsdean MacIlleBhàin 1952–

Cha do leig mi thu a-staigh am dheòin.
Bha eagal orm nuair a chuala mi srannail
bhon doras, a' ciallachadh gun tàinig thu.

Gheall thu gun tigeadh tu an ath-fheasgar
ach cha robh mi gad chreidsinn. Shaoil mi
gu robh an teine dh'fhadadh leinn nar dithis

na theine-sionnachain a-mhàin, ach bu
thein'-èibhneis e, losgadh mac-meanma,
cridhe, leasraidh, losgadh a' bhaile fhèin.

An rud as neònaich' – nam sheasamh an sin
an dorchadas na lobaidh, is mo làmh
air cnag-fosglaidh an dorais, a' coimhead air

do dhealbh doilleir taobh eile na glainn' –
dealbh an àigh, dealbh na caomhalachd –
ro-mhothachadh do shùilean is do bhlàths,

thuig mi gu robh feum agad orm, is tu
gad chruthachadh, gad fhuasgladh nam chomhair,
a' ceannsachadh an eagail cheairt – is dh'fhosgail mi.

Myth VI

Christopher Whyte

I didn't want to let you in.
When I heard the doorbell buzz
and realised that it was you

I was afraid. You'd promised to
come by the evening after, but I hadn't
believed you. I thought the fire we two

had kindled together was a will o' the wisp,
but it was a bonfire that set the heart ablaze,
imagination, our loins, the city itself.

Strangest of all – standing there
in the dark hall, with my hand
on the door knob, where I could see

your blurred outline through the glass
tremble amorphousness and joy,
guessing your warmth, the look in your eyes,

I understood you needed me,
found your shape and opened out with me,
mastering the same fear – and I opened.

Translated by the author

A-Màireach

Anne Frater 1967–

A-màireach
chì mi thu;
feumaidh mi mo shlige a chumail slàn.
Cha leig mi a-steach thu
ged is e sin a dh'iarrainn;
feumaidh mi na dorsan an cumail dùinte.
Chan fhaic thu an dòchas
a dh'èireas nam shùilean,
's mùchaidh mi buillean mo chridhe.
An dèidh do sheachnadh,
an dèidh do thosd,
chan ann dhutsa a bhitheas iad
ach don fhear a bh' annad
mus do bhris thu mi.

1994

Tomorrow

Anne Frater

Tomorrow
I will see you;
I must keep my shell intact.
I will not let you in
although I want to;
I must keep the doors shut.
You will not see the hope
rising in my eyes
and I will smother the beating of my heart.
After your avoidance,
after your silence,
they won't be for you
but for the one you were
before you broke me.

Translated by the author

Caingeal

Anne Frater 1967–

Cinnt a' choinneil
anns an dorchadas:
m' earbs' annadsa.
Solas agus blàths:
mo ghaol ortsa.
Ach shèid thu air a' choinneal
nuair a shaoil mi gun robh do bhilean
a' feitheamh ri pòg.

Airson tiotan
bha boillsgeadh de sholas
fhathast ann:
mo dhòchas.

'S an uair sin an dorchadas ullamh.

1994

Candle

Anne Frater

The certainty of the candle
in the darkness;
my trust in you.
Light and warmth:
my love for you.
But you blew out the candle
when I thought your lips
were waiting to be kissed.

For a moment
a faint light
still remained:
my hope.

And then utter darkness.

Translated by the author

Annas Mòr

Rody Gorman 1960–

Chuala mi annas-naidheachd
Na mo leabaidh an-diugh sa mhadainn
Gun deach cur às do phoblachd
Ann an dùthaich air choreigin

'S chum mi orm nam thàmh
A' bruadar agus mo shuim
Annad fhèin 's tu a' snàmh
Rùisgte 'n Loch an Tuim

Flash

Rody Gorman

I heard a newsflash
In bed this morning
That a republic had been overthrown
In some foreign country or other
And I stayed there stretched out
Dreaming and thinking of you
Swimming naked in Loch an Tuim

Translated by the author

Streang

Anne Frater 1967–

An e gun robh sgàile air mo shùilean
nach do mhothaich mi roimhe?
Feumaidh e bhith gun robh.

Chì mi 'nis an sreang eile
gad tharraing air falbh bhuam
's gun de chomas agam a bhriseadh
fiù 's ged a bithinn ag iarraidh.
Tha mo shnàithlean-sa air a ruidhleadh
a' feitheamh ri fear eile.

Tagh thusa do shreang fhèin
ach cha bhi mise
aig ceann seach ceann dheth.

1998

String

Anne Frater

Were my eyes clouded
that I didn't notice before?
They must have been.

Now I can see the other string
pulling you away from me,
and I don't have the strength to break it
even if I wanted to.
My thread is reeled in
waiting for someone else.

You choose your string
but I won't be
at either end of it.

Translated by the author

Rodeo

Rody Gorman 1960–

Seo mi fhìn a-rithist,
Beul ri dhol suas air do mhuin,
Nam mharcaich-*rodeo*;

Shaoileadh tu, an dèidh
Na dh'fhiosraich mi san t-suideachadh ud,
Gun robh mi air faighinn
An uachdar air a' ghnothach

Ach, fhathast,
Nuair a dh'èireas mi dhan diollaid,
Tha fhios agam glan gur h-e tha romham
O ba ba bò bò hùrdaidh hò rò
Tuiteam.

Rodeo

Rody Gorman

Here I am again
About to get on your back
A rodeo rider;

You'd think, after
All my experience in that position,
That I'd have managed
To get a handle on the business

But, still,
When I get in the saddle
I well know that before me there's
O ba ba bò bò hùrdaidh hò rò
A fall.

Comhairle

Anne Frater (1967–)

Nan canadh tu nach tigeadh tu
thuiginn
's chan iarrainn ort a' chòrr.
Ach thig thu
agus falbhaidh tu
a' fàgail mì-chinnt is teagamh
às do dhèidh.

Na bi cho modhail
mura h-eil thu gam iarraidh
's gu h-àraid ma tha!

2000

Advice

Anne Frater

If you said you wouldn't come
I'd understand
and I wouldn't ask any more.
But you come
and you go
leaving uncertainty and doubt
in your wake.

Don't be so polite
if you don't want me
and especially if you do!

Translated by the author

laoidh an donais òig

Aonghas MacNeacail 1942–

a dhonais òig, dè 'n dath a th' ort,
an e dubh,
an e dath èalach na nathrach,
an e ruadh buan fuilteach na lasrach,
an e corcar rìoghail do shinnsearan

a dhonais òig, ciamar a fhuair thu do chliù
's tu cho fiata ann a shin,
air do bhein mhodhail,
cha leaghadh lòineag air do theanga

agus, a dhonais òig, cho còir 's a bha thu,
mar a tharraing thu dreach beò
à sgleò luaineach mo bhruadair,
mar a chroch thu mo dheòin
na duilleach glan gorm
an craobh rag mo chogais

a dhonais òig, chan fhaca mi fhathast thu
sàthadh broillich, goil gobhail,
goid pòig no bìdeadh tòine,
chan fhaca mi dannsa measg nan dannsair rùisgt' thu,

hymn to a young demon

Aonghas MacNeacail

young demon, what's your colour,
is it black,
is it the writhing colour of snakes,
is it the eternal red of the flames,
is it the royal purple of your ancestors

young demon, how did you get your reputation,
sitting there so timidly
on your well-behaved bench,
a snowflake wouldn't melt on your tongue

and, young demon, how kind you were,
the way you drew a living shape
from the restless cloud of my dream
the way you draped my desires
like clean green foliage
on the stubborn tree of my conscience

young demon, i've yet to see you
pierce a breast, ignite a crotch,
steal a kiss or nip an arse,
i haven't seen you dance among the naked dancers

fèill nam buaireadh, cha chuala mi
do dhruma bualadh, fèill nan tathaich,
chan eil iomradh ort a' slìobadh
nan cìoch sùithte ri linn nan ìobairt,
chan fhaca mi fhathast leanabh ga do leantainn
tro choilltean nan tiolpadh, nam fochaid,
cha do chuir thu cluaran frionais eadar
luchd-suirghe na mo lèirsinn,
na feannagan na feannagan na feannagan
a leigeadh tu mu sgaoil eadar an croitear
's a chuid foghair, eadar
am misgear 's a ghlainne lainnireach,
an spìocair 's a phigheann liath,
na feannagan, na feannagan,
tha iad fhatast a' neadachadh

a dhonais òig, eil thu cleith d' fhìor nàdair,
'eil thu mar a h-uile donas eile,
'eil do làmh na mo sporan
fhad 's tha thu gealltainn dhomh toradh

at the feast of temptings, i haven't heard
your drum beating at the feast of hauntings,
there's no account of you stroking
the sooty breasts at the time of sacrifices,
i've yet to see a child follow you
through the woods of pilferings and catcalls,
you've never sowed a faithful thistle between
lovers in my presence,
the crows the crows the crows
you might set loose between the crofter
and his harvest, between
the drunkard and his glittering glass,
the miser and his mouldy pie,
the crows, the crows
are still nesting

young demon, do you hide your true nature,
are you like every other demon,
is your hand in my purse
while you promise me prosperity

Translated by the author

Mura b' e

Meg Bateman 1959–

Mura b'e gun do chòrd iad ri chèile
cha robh dad dhe na dh'èirich air tachairt:
cha robh iad iar dhol sìos dhan chladach,
's cha robh iad air snàmh cho fada,
cha robh i air a bhith cho taingeil
nuair a thug iad a-mach an tràigh,
no air gèilleadh cho luath ri ghàirdeanan
air a' ghainmhich dheàlraich bhlàith...

Mura b'e sin, cha bhiodh i air a h-aodach
a dhiochuimhneachadh sa chreig,
's cha bhiodh a h-uaireadair air grunnd na mara
no a briogais air falbh leis an làn,
cha bhiodh aca ri coiseachd tron bhaile
leth-rùisgte fo chomhair nan nàbaidhean
is dreach orra an trusgan càch-a-chèile
a bha mar-aon gòrach is sòlaimte.

If they hadn't

Meg Bateman

If they hadn't liked each other
none of the rest would have happened:
they wouldn't have gone down to the shore
and they wouldn't have swum out so rashly,
she wouldn't have been so relieved
when they reached the far side of the bay
nor yielded so quickly to his arms
on the warm sparkling strand...

She would never have forgotten her things
hidden away in the rocks,
her watch wouldn't be on the sea-bed
nor her trousers swept away on the tide,
they wouldn't have had to walk
half-naked through the township,
appearing to the neighbours
both comical and symbolic.

Translated by the author

Bhruadair mi leat a-raoir

Niall O'Gallagher 1981–

Bhruadair mi leat a-raoir (mar a their iad
ann an Catalunya, a rèir m' fhaclair),
chan ann ort, no mud dheidhinn, ged a bha iad
uile fìor aig deireadh oidhche eile,
ach leat. Às dèidh mar a rinn sinn feise
chruthaich sinn saoghal eile 's sinn nar cadal
far an deach sinn còmhla agus m' anail
air d' amhaich, do chìoch fo mo làimh dheis.

Is tu, a chiall, subsaig gach gnìomhair
a sgrìobhas mi, is tusa brìgh gach dàin,
mìneachadh gach seantans is gach briathar,

as bìth a bheil e fireann air neo boireann,
na mo bhruadair, far a bheil a-mhàin
ar gaol agus a ghràmar coileanta.

I dreamt with you last night

Niall O'Gallagher

I dreamt with you last night (as they say
in Catalunya, according to my dictionary),
not of you, or about you, although they
were all true by the end of another night,
but with you. After we had sex
we made another world in our sleep,
where we went together, my breath
on your neck, my right hand on your breast.

You, my love, are the subject of each verb
I write, the substance of each poem,
the meaning of each sentence and word,

whether it is masculine or feminine
in my dream, where there is only
our love and grammar perfected.

Rùisgte

Marcus Mac an Tuairneir 1984–

Leacan do rathaidean
Salach le cac nam faoileagan,
Sgeith nan siùrsach air
Sràid a' Mhargaidh.

Thachair mo chas
Ri chasgan caithte
Taobh a-muigh an taigh-sheinnse gèidh.

Sgiolc mi air fianais shleamhainn
De spòrs dithis eile
Air nach robh mi eòlach
Ach bho chliù.

Is an leithid
A bha nan aodannan ceanalta,
Oidhche an dèidh oidhche.

Feadhainn a phòg mi.
Feadhainn a dhiùlt mi.
Feadhainn ris nach tachair mi a-rithist.

Unsheathed

Marcus Mac an Tuairneir

Your filthy flagstones are
Soiled with sgorrie shit
And doxy boke
On Market Street.

My foot befell
A cast-off condom
Outside the gay bar.

I slipped on the slimy wetness
Of anothers' good time;
Two, I only knew
Through repute.

And their like,
Who were familiar faces
Night after night.

Some, I kissed.
Some, I dismissed.
Some, I'll not know anew.

Is am *bouncer* a chuir beannachd orm,
Air m' fhàgail;
An robh e eòlach orm nas mò?
No an craiceann craicte falamh
A dh'fhàg mi,
Nuair a dh'eilthirich mi
Fo sgàil sgainneil
Nach robh mi an dùil idir a sheachnadh.

Chan eil cuimhne aige a-nis,
No fiù 's agads', a bhaile ghlais.
Is gach turas a thilleas mi,
Tha an t-astar eadarainn
Air fàs nas fhaide.

And the doorman that acknowledged me,
As I left;
Did he recognise me nonetheless?
Or the split skin
I left bereft,
As I shipped out
Under the penumbra of aspersion;
Its elusion, I didn't deign to presume.

He had no idea.
Neither had you, dreary city.
And each time I return
The distance between us
Grows deeper.

Translated by the author

Caithris na h-Oidhche

Marcus Mac an Tuairneir 1984–

Bhruadair a-raoir mi gun d' rinn thu caithris.
An t-astar a bh' eadarainn cho tana ri brat,
Meatafor gun deò,
A shuainich mi gu tur.

Mhothaich mi do dhealbh rim thaobh,
A' ruith air raon machair do bhuilg.
Ràinig e cruinn-mhullaich chruaidh do bhroillich.

An taigh-dubh mo chùba,
Cha robh smùid ach fàileadh mo cheòthan,
Is ar dà choinneal, a-nis, nan teine,
Ach 's fuar a bha do chèir bho do chuairt.

Night-Visit

Marcus Mac an Tuairneir

I dreamt last night of your visit.
The distance between us as slight as the sheet,
An impalpable metaphor,
Swaddling me entirely.

I felt your form beside me.
My mind ran over the machar-plain of your stomach.
It reached the hard domes of your chest.

In the blackhouse of my room,
No smoke but the smell of cigarettes,
And our two candles aflame.
But your wax, still cold from the journey.

Translated by the author

Dealbh-Còmhdaich CD OP 30409 le Denis Rouvre

Crìsdean MacIlleBhàin 1952–

Bha e cho sèimh 's cho beò, an neart
a tharraing iad gu chèile, seun
an colainnean òga, rèidh'
an craicinn, dealbhadh cneasnaidh
an cluasan is cruinnead maoth
an guailnean, 's gun do ghabh
am miann a bh' aca cruth na h-eidhinn.
Streap na gasan mìne, sùbailte
a-nìos bho 'n sàiltean, cha b' ann
gus an glacadh no an cur an sàs,
ach ceart mar fhollaiseachadh rud
nach b' urrainnear a chur an cèill
le faclan gun èifeachd no soidhnichean:
maille shocraichte an cnèadachaidh,
suathadh faicilleach, làn-mhothachail
a bhilean air a gruaidh, air neo
gluasad fiosrach, neo-chabagach
a làmhan fad a dhroma, air
tòiseachadh cruinn, mìn a thòin,
's deagh-bholadh eadar-dhealaichte
an dà chraiceann a' coimeasgadh gu socair,

The Cover of CD OP 30409 by Denis Rouvre

Christopher Whyte

It was so quiet and alive,
the force that pulled them together,
the spell of their young bodies, the
harmony of their skin, the curves
of their ears and the soft roundness
of their shoulders, that the desire
they had took the form of ivy.
The tender shoots climbed, supple, up
from their heels, not to capture them
or trap them, but just as something
which can't be expressed with pointless
words or signs manifests itself:
their caressing determined, slow,
their strokes careful, fully aware,
his lips on her cheek, or else the
knowing movement, unhurried, of
his hands the length of her back, of
the round, soft beginning of her
bum, and the different pleasant smells
of their two skins gently mingling,

màirnealach, air dòigh 's nach robh,
aig a' cheann thall, ach aon
bholtradh a-mhàin aig an dithis dhiubh,
mar aig dà chraoibh a dh'fhàsas le co-chòrdadh.

2015

lingeringly, till in the end
they both shared the same odour, like
two trees that grow in assent.

Togail

Aonghas Pàdraig Caimbeul 1952–

Nan cuireadh tu clach ri taobh cloich'
is clach air muin cloiche

mu dheireadh thall
bhiodh taigh agad.

'S
nan ceangladh tu neòinean ri neòinean

bhiodh paidirean agad
ann an cumadh conair-mhoire.

Aon rud às dèidh rud eile:
gaol agam ort.

Building

Angus Peter Campbell

If you put a stone beside a stone
and a stone on top of a stone

in the end
you'd have a house.

And
if you linked a daisy to a daisy

you'd have a bracelet
in the shape of a rosary.

One thing after another:
my love for you.

Mart Loch nam Madadh

Aonghas Pàdraig Caimbeul 1952–

Bha mi ann
an latha a dh'fhosgail
a' bhan-dia fhèin e, Diana.

A Dhia, bha i àlainn:
a falt bàn a' sèideadh sa ghaoith
agus a casan fada seang a' strì ri stòldachd.

Bha i a' coimhead a cheart cho '-mach à àite
's a bhiodh an caochladh:
mart Gàidhealach ann an Ceàrnag Sloane.

Smaoinich air àmhghar
a' bheathaich air na cabhsairean coimheach,
a' geumnaich airson feur a' mhonaidh.

Bhiodh iad air na Bobbies a ghairm a-mach
agus air a buachailleachd air ais air ròpa
gu cluaintean glas le sìth.

Bu chòir dhìse cuideachd,
na bòidhchead,
a bhith fòs ri taobh nan aibhnichean.

Lochmaddy Mart

Angus Peter Campbell

I was there
the day it was opened
by the goddess herself, Diana.

God, she was beautiful:
her fair hair blowing in the wind,
her long slim legs jittery and restless.

She looked just as out of place
as her opposite would:
a Highland cow in Sloane Square.

Think of the distress
of the animal on those strange pavements
bellowing for the moorland grass.

They'd have called out the Bobbies
and herded her back on a rope
to pastures green.

She too should,
in all her beauty,
be still the quiet waters by.

Gràdh

Aonghas Pàdraig Caimbeul 1952–

Eun
bun-os-cionn
taobh muigh na h-uinneig'
ag ithe chnòthan.

Cho daingeann
's a tha gràdh,
a' crochadh an sin
sna speuran.

Love

Angus Peter Campbell

A bird
upside down
outside the window
eating nuts.

How solid
love is,
hanging there
in the air.

a' cur ainm eile air pòg

aonghas macneacail 1942–

nuair a chunnaic mi 'son a chiad uair thu
cha b' e d' èideadh a ghlac m' aire ach
am brìodal smèideach a shìn a-mach às
do shùil, is tu ag ràdh, ann an còmhradh
gun bhriathran, *faic mar a tha mo chìoch*
a' guidhe gun dèan sinn eòlas gaoil, is mo
bhrù cuideachd deiseil airson do lìonadh

's mar a shaoil sinn cho ùr, gu tur ùr, 's a bha
an iomlaid smuaint ud, ar seanchas sàmhach
eadar chuirp, is mar a thuislich sinn air slighe
(nach bu nuadh) bhon dòchas teagmhach
a thug cumadh dha ar deasbad feòla, tro
mhabadh 's gàire, gu mòmaid làn na pòige

2015

giving a kiss another name

aonghas macneacail

when i saw you for the first time
it wasn't your clothing that caught my attention
but the beckoning enticement that reached out
from your eyes, as you said, in a conversation
without words, *see how my breast*
begs that we gain the familiarity of love, as my
belly is also prepared for you to fill it

and how we thought so new, so totally new, that
exchange of thoughts was, our silent chatter
between bodies, and how we stumbled on the road
(that wasn't new) between the uncertain hope
that gave shape to our flesh debate, through
stammer and laugh, to the full moment of the kiss

Translated by the author

Saoil a-nist, a Mhòr

Gun urra

Saoil a-nist, a Mhòr,
An e cnàimh a th' anns a' bhod?
Chan e, chan e, ars' Mòr,
Ach fèithean mòr bog!

So do you think, Marion

Anonymous

So do you think, Marion,
That it's a bone, the dick?
No, no, says Marion
But a vein that's soft and thick!

Fiosrachadh mu na Bàird /
Information about the Poets

ALASDAIR MAC MHAIGHSTIR ALASDAIR / ALEXANDER MACDONALD (c1698–c1770). Celebrated Moidart poet, polemicist, lexicographer and Jacobite; Mac Mhaighstir Alasdair's *Aiseirigh na Seann Chànain Albannaich* (1751) was the first secular printed book of poetry in any insular Celtic language.

ALASDAIR MAC MHURCHAIDH / ALEXANDER MACKENZIE (†c1643). As is argued by W.J. Watson in *Bàrdachd Ghàidhlig* and Sorley MacLean in *Ris a' Bhruthaich*, MacKenzie is most likely the 4th laird of Achilty, Strathpeffer, and composed 'Tùirseach dhuinne ri port', exerted here, between 1636 and 1648.

AM BÀRD MAC AN T-SAOIR / THE MACINTYRE POET. Little is known about this poet, although there is speculation he may also be responsible for two elegies for the MacIntoshes. 'Tánaig Long air Loch Rannoch' is included in the *Book of the Dean of Lismore*, compiled in the early 16th century.

ANNA CHAIMBEUL / ANNE CAMPBELL. Oral tradition holds that the poet was the daughter of Campbell of Scalpay and that she wrote this elegy after the death of her betrothed, Allan Morrison of Stornoway, in a storm at sea on his way to their wedding ceremony in the spring of 1768. See Ronald Black, *An Lasair*, 493.

ANNE FRATER (b. 1967). From Upper Bayble, Point, on the Isle of Lewis, Frater has a collection *Fon t-Slige* published by Gairm in

1995, and a PhD on Gaelic Women's Poetry up to 1750. She is a lecturer at the Lews Castle College, UHI.

AONGHAS MACNEACAIL (b. 1942). Poet, songwriter, librettist, broadcaster and journalist. Born in Uig on the Isle of Skye, he has written collections of poems in Gaelic, English and Scots. He won the Scottish Writer of the Year Stakis Prize in 1997.

AONGHAS PÀDRAIG CAIMBEUL / ANGUS PETER CAMPBELL (b. 1952). Poet, novelist, journalist, broadcaster and actor from South Uist. His novel *An Oidhche Mus Do Sheòl Sinn* was voted by the public as one of the ten Best-Ever Books from Scotland.

COINNEACH MACCOINNICH / KENNETH MACKENZIE (1758–c1837). Born at Castle Leather near Inverness. MacKenzie was a sailor for much of his life, and published a collection of his songs (many of them about the sea) in 1792.

CRÌSDEAN MACILLEBHÀIN / CHRISTOPHER WHYTE (b.1952). Originally from Glasgow, Whyte is an influential and iconoclastic poet, critic and translator, as well as an award-winning novelist in English.

DÒMHNALL MAC AN T-SAOIR / DONALD MACINTYRE (1889–1964). From Snishival in South Uist, MacIntyre was a popular poet, songwriter and piper; his poems were published posthumously in *Sporan Dhòmhnaill* (1968).

DONNCHADH CAIMBEUL GHLINN URCHAIDH / SIR DUNCAN CAMPBELL OF GLEN ORCHY (1443–1513). One of the Campbells of Glen Orchy, Duncan was killed at the battle of Flodden. His poems were included in the *Book of the Dean of Lismore*.

EACHANN MÒR MACGILL-EATHAIN (†c 1571). Tradition often attributes ''S Luaineach mo Chadal A-Nochd' to Eachann, 11th chief of the MacLeans of Duart, Isle of Mull. See McLeod and Bateman, *Duanaire na Sracaire*, 291.

IAIN CRICHTON MAC A' GHOBHAINN / IAIN CRICHTON SMITH (1928–1998). Raised in Bayble, Point, on the Isle of Lewis and resident for many years in Taynuilt, near Oban, where he was an inspirational teacher, Smith was a phenomenally prolific poet, novelist, short story writer, and critic in Gaelic and English.

IAIN MAC DHÙGHAILL MHIC LACHLAINN / JOHN MACDONALD. Believed to be a Clanranald MacDonald from Benbecula. The subject of this song is Ailean Dearg, chief of Clanranald, mortally wounded at the battle of Sherrifmuir 1715. See Black, *An Lasair*, 385.

ISEABAL NÍ MHEIC CAILÉIN, Contaois Oirir Ghaoidheal (†c1510). Iseabail was either the wife (†c1510) or daughter of Cailean, first earl of Argyll. Her poems were preserved in the *Book of the Dean of Lismore*.

MÀIRI NICGHUMARAID / MARY MONTGOMERY (b. 1955). From Arivruaich in Lochs on the Isle of Lewis, Montgomery is a poet and novelist, best known for *Eadar Mi 's a Bhreug* (1988) and *Ruithmean 'S Neo-Rannan* (1997), both published with translations into Irish by Coiscéim, Dublin.

MARCUS MAC AN TUAIRNEIR (b. 1984). Originally from York, Mac an Tuairneir has spent all of his adult life in Scotland. He has published two collections of poems in Gaelic, with English translations: *Deò* (Grace Notes, 2013) and *Lus na Tùise* (Bradan, 2016).

MEG BATEMAN (b. 1959). Bateman is the author of numerous award-winning collections of poems in Gaelic and English, most recently *Soirbheas / Fair Wind* (2007) and *Transparencies* (2013), both from Polygon, as well as being an insightful and ground-breaking critic of Gaelic poetry. Born in Edinburgh, she lives on the Isle of Skye where she is a lecturer at Sabhal Mòr Ostaig, UHI.

NIALL MÒR MACMHUIRICH (c 1550–post 1613). One of the great MacMhuirich dynasty of poets, associated with the Lords of the Isles and then with the MacDonalds of Clanranald.

NIALL O'GALLAGHER (b. 1981). O'Gallagher is the author of two collections of poems, *Beatha Ùr* (2013) and *Suain nan Trì Latha* (2016), both with Clàr. He lives in Glasgow, where he is a political journalist for the BBC.

'NIC CÒISEAM'. 'A Mhic Iain Mhic Sheumais' is traditionally attributed to the foster mother of Donald MacDonald (mac Iain mhic Sheumais), and is understood to be an extempore response to MacDonald's wounding at the Battle of Carinish in North Uist in 1601.

PÀDRAIG MACAONGHAIS. We have been unable to trace much about this poet, other than that he published various poems in the journal *Gairm* in the 1970s.

ROB DONN MACAOIDH / ROB DONN MACKAY (1714–1778). Rob Donn's work, rooted in the dialect and community of Sutherland, where he lived almost all of his life, is among the most beloved of 18th century Gaelic poetry.

RODY GORMAN (b. 1960). Originally from Dublin, Gorman is a prolific and experimental poet in Gaelic, Irish and English. As an editor, he has played a crucial role in maintaining and establishing links between poetry in Gaelic and other languages, not least through his own translations from a range of tongues – most recently that of the mythological figure Sweeney.

SEÒRAS MACCOINNICH / GEORGE MACKENZIE (c1655-post 1730). From Gruinard in Wester Ross, MacKenzie was a grandson of the 2nd earl of Seaforth. As Ronald Black notes, MacKenzie had 33 children from two marriages, nine daughters among them: 'An Obair Nodha' then can be read as 'a series of case studies for a sex education class' (Black, *An Lasair*, 372).

SGÀIRE MACAMHLAIGH / ZACHARY MACAULAY (c1667–c1737). From Valtos, Uig, on Lewis, MacAulay had a varied career: after graduating from Edinburgh University, he worked as a preacher, schoolmaster, merchant, tide-waiter and chamberlain of Lewis. As Black notes, his ecclesiastical career is said to have been curtailed by a charge of fornication (Black, *An Lasair*, 364).

SÌLEAS NA CEAPAICH / JULIA MACDONALD (c1660–c1729). A member of the aristocratic Catholic MacDonalds of Keppoch, and one of the most important female poets in the Gaelic language: her work is collected in *Bàrdachd Shìlis na Ceapaich*, edited by Colm Ó Baoill (1972).

SOMHAIRLE MACGILL-EAIN / SORLEY MACLEAN (1911–1996). Born on the Isle of Raasay, MacLean was the most celebrated Gaelic poet of the 20th century, and the central figure of the Gaelic literary renaissance. His *Dàin do Eimhir agus Dàin Eile* (1943) continues to exert a strong influence on Gaelic poetry.

Tùsan agus Fiosrachadh Còir-sgrìobhaidh / Sources and Copyright Information

'Éistibh, a lucht an tighe-se': Many thanks to Prof. William Gillies for this newly edited text of the poem, which is found in the *Book of the Dean of Lismore*. Cf. Malcolm MacLean and Theo Dorgan (eds), *An Leabhar Mòr / The Great Book of Gaelic* (Edinburgh and New York: Canongate, 2002), 54, EC Quiggin, *Poems from the Book of the Dean of Lismore* (Cambridge University Press, 1937), 78, (MS 251) and Alan Mac an Bhaird, 'Erotica Bardica Albanica', *Comhar* 34: 8 (Aug, 1975), 13–15

'A shagairt na hamhsóige': William Gillies, 'Gaelic Poems of Sir Duncan Campbell of Glenorchy (III)', *Scottish Gaelic Studies* 14: 1 (1983), 72–3. Cf. EC Quiggin, *Poems from the Book of the Dean of Lismore* (Cambridge University Press, 1937), 78 (MS 251)

'Bod bríoghmhor atá ag donncha': Text: William Gillies, 'The Gaelic Poems of Sir Duncan Campbell of Glenorchy (III)', *Scottish Gaelic Studies* 14, 59–71. See also Wilson McLeod and Meg Bateman (eds) *Duanaire na Sracaire* (Edinburgh: Birlinn, 2007), 262–4 and Quiggin, *Poems from the Book of the Dean of Lismore*, 77 (MS 37, 157)

'Atá fleasgach ar mo thí': WJ Watson, *Scottish Verse from the Book of the Dean of Lismore* (Edinburgh: Scottish Gaelic Texts Society, 1937), 307–8; also Wilson McLeod and Meg Bateman (eds)

Duanaire na Sracaire (Edinburgh: Birlinn, 2007), 288 and Quiggin, *Poems from the Book of the Dean of Lismore*, 77 (MS 285)

'Créad dá ndearnadh Domhnall Donn?': Wilson McLeod and Meg Bateman (eds) *Duanaire na Sracaire* (Edinburgh: Birlinn, 2007), 258–60 and William Gillies, 'The Gaelic Poems of Sir Duncan Campbell of Glenorchy (III)', *Scottish Gaelic Studies*, 14, 79. See also Quiggin, *Poems from the Book of the Dean of Lismore*, 72–3 (MS 111)

'Do chuaidh mise, Robart féin': William Gillies, 'Courtly and Satiric Poems in the Book of the Dean of Lismore', *Scottish Studies* 21, 35–53, and Wilson McLeod and Meg Bateman (eds) *Duanaire na Sracaire* (Edinburgh: Birlinn, 2007)

'Tánaig long ar Loch Raithneach': WJ Watson, *Scottish Verse from the Book of the Dean of Lismore* (Edinburgh: Scottish Gaelic Texts Society, 1937), 224–33. See also McLeod and Bateman, eds, *Duanaire na Sracaire*, 268–275 and Quiggin, *Poems from the Book of the Dean of Lismore*, 71 (MS 266)

''S luaineach mo chadal a-nochd': Derick Thomson (ed.) *The MacDiarmid MS Anthology* (Edinburgh: Scottish Gaelic Texts Society, 1992), 120. See also Eoin Gillies (ed.) *Sean Dàin agus Òrain Ghàidhealach* (Perth, 1786), 278–9 and McLeod and Bateman, eds, *Duanaire na Sracaire*, 290

'Soraidh slán don oidhche a-réir': Derick Thomson, 'Niall Mòr MacMhuirich', *Transactions of the Gaelic Society of Inverness*, 49, 9–25. See also McLeod and Bateman, eds, *Duanaire na Sracaire*, 298–300

'A Mhic Iain Mhic Sheumais': Colm Ó Baoill (ed.) *Gàir nan Clàrsach* (Edinburgh: Birlinn, 1994), 50–3 and KC Craig, *Òrain Luaidh Màiri Nighean Alasdair* (Glasgow: Matheson, 1949), 2

'Ailean Dubh à Lòchaidh': Colm Ó Baoill (ed.) *Gàir nan Clàrsach* (Edinburgh: Birlinn, 1994), 58 and *An Gaidheal*, LVIII (1963), 3

Bho 'Tùirseach dhuinne ri port': Angus Matheson's annotation to WJ Watson, *Bàrdachd Ghàidhlig* (Stirling: Learmonth, 1932), 232; discussed in Black, *An Tuil*, xxxii and Sorley MacLean, *Ris a' Bhruthaich* (Stornoway: Acair, 1997), 204

'Duanag do Dhòmhnall Chana': Derick Thomson (ed.) *The MacDiarmid MS Anthology* (Edinburgh: Scottish Gaelic Texts Society, 1992), 38

'Òran Gaoil': Derick Thomson (ed) *The MacDiarmid MS Anthology* (Edinburgh: Scottish Gaelic Texts Society, 1992), 41

'Tha tighinn fodham èirigh': Derick Thomson (ed) *The MacDiarmid MS Anthology* (Edinburgh: Scottish Gaelic Texts Society, 1992), 64-9 and Ronald Black (ed.) *An Lasair* (Edinburgh: Birlinn, 2001), 48; see also WJ Watson, *Bàrdachd Ghàidhlig: Gaelic Poetry 1550–1900* (Inverness 1959 [1918]), 139–41

'An Obair Nogha': *An Leabhar Liath* (Paisley: 1801/1845), 3–5; Colm Ó Baoill (ed.) *Bàrdachd Shìlis na Ceapaich* (Edinburgh: Scottish Gaelic Texts Society, 1972), 76–83; Ronald Black (ed) *An Lasair* (Edinburgh: Birlinn, 2001), 18–20

'An Aghaidh na h-Obair Nodha': Colm Ó Baoill (ed.) *Bàrdachd Shìlis na Ceapaich* (Edinburgh: Scottish Gaelic Texts Society, 1972), 76–83 and Ronald Black (ed) *An Lasair* (Edinburgh: Birlinn, 2001), 22

'Comhairle air na Nigheanan Òga': Colm Ó Baoill (ed) *Bàrdachd Shìlis na Ceapaich* (Edinburgh: Scottish Gaelic Texts Society, 1972), 6–10

Bho 'Tha mo chridhe mar chuaintean': Ronald Black (ed), *An Lasair* (Edinburgh: Birlinn, 2001), 6–8; see also John MacKenzie (ed) *Sar-Obair nam Bard Gaelach: or, The Beauties of Gaelic Poetry, and Lives of the Highland Bards* (Edinburgh 1877 [Glasgow, 1841]), 392

'Is trom leam an àirigh': Mackintosh Mackay (ed) *Songs and Poems, in the Gaelic Language, by Robert MacKay, the celebrated Bard of Lord Reay's Country, Sutherlandshire* (Inverness, 1829), 210–11 and Ronald Black (ed) *An Lasair* (Edinburgh: Birlinn 2001), 142–5

'Moladh air deagh Bhod': Alastair Mac-Dhonuill, *Ais-eiridh na sean chánoin Albannaich; no, An nuadh oranaiche Gaidhealach* (Edinburgh 1751), 11–25. See also *Poetical Works of Alexander MacDonald* (Glasgow: MacVean, 1839), 205

'Moladh Mòraig': Alastair Mac-Dhonuill, *Ais-eiridh na sean chánoin Albannaich; no, An nuadh oranaiche Gaidhealach* (Edinburgh 1751), 11–25; see also Derick Thomson (ed) *Alasdair Mac Mhaighstir Alasdair: Selected Poems* (Edinburgh: Scottish Academic Press, 1996), 61

'Mì-Mholadh Mòraig': Alastair Mac-Dhonuill, *Ais-eiridh na sean chánoin Albannaich; no, An nuadh oranaiche Gaidhealach* (Edinburgh 1751), 26–36

'Òran a rinneadh do dhà bhodach àraid a bha ann an Àird nam Murchan...': Alastair Mac-Dhonuill, *Ais-eiridh na Sean Chánoin Albannaich, no An nuadh Oranaiche Gaidhealach*, 1751, 123–34

'Siud i a' chulaidh, 's cha b' i 'n ulaidh': Adv. MS. 72.2.13 in the Advocates Library Collection, National Library of Scotland and Ronald Black (ed) *An Lasair* (Edinburgh: Birlinn, 2001), 190–2. See also John Lorne Campbell, 'Gaelic MS. 63 of the National Library', *Scottish Gaelic Studies*, vol 4 (1934–35), 83–4

'Tinneas na h-Urchaid': Alastair Mac-Dhonuill, *Ais-eiridh na Sean Chánoin Albannaich, no An nuadh Oranaiche Gaidhealach*, 1751, 159–60, and *Poetical Works of Alexander MacDonald* (Glasgow: MacVean, 1839), 205–6. Thanks to the late Alexander Hutchison for helping with the free Scots translation

'Ailein Duinn': Ronald Black, *An Lasair* (Edinburgh: Birlinn, 2001), 278–80, and KC Craig *Òrain Luaidh Màiri Nighean Alasdair* (Glasgow: Matheson, 1949), 105–7

'Chunna' mise bean': Derick Thomson (ed.) *The MacDiarmid MS Anthology* (Edinburgh: Scottish Gaelic Texts Society, 1992), 101–2

'Comhairlean Chormaic d' a Mhac a dhol a Thaghadh Mnà':
Derick Thomson (ed.) *The MacDiarmid MS Anthology*
(Edinburgh: Scottish Gaelic Texts Society, 1992), 117

'Seann duine cha taobh mi idir': Derick Thomson (ed.) *The
MacDiarmid MS Anthology* (Edinburgh: Scottish Gaelic Texts
Society, 1992), 139

'Mo nighean chruinn donn': BBC Bliadhna nan Òran website. Cf
KC Craig, *Òrain Luaidh Màiri Nighean Alasdair* (Glasgow:
Matheson, 1949), 33–4

'B' fheàrr leam dol an cùil le caileag': Kenneth MacKenzie, *Òrain
Ghaidhealach* (Edinburgh, 1792), 140

'Gura mi tha trom duilich': Oral tradition (with thanks to Anne
Martin, Kilmuir). If you have 'fios air na h-uairean', as in this
song, you are expert at rhythm and timing.

'Eachainn an Slaoightear': *An Leabhar Liath* (Paisley: 1801/1845),
2–3 and Ronald Black (ed) *An Lasair* (Edinburgh: Birlinn, 2001), 352

'An Seudagan Beag Greannmhor': *An Leabhar Liath* (Paisley:
1801/1845), 7–8; see Ronald Black (ed.) *An Lasair* (Edinburgh:
Birlinn, 2001), 264–6

'Dòmhnallan Dubh': *An Leabhar Liath* (Paisley: 1801/1845), 5–7;
see Ronald Black (ed.) *An Lasair* (Edinburgh: Birlinn, 2001), 78–81

Criomagan à *Kryptadia*: *Kryptadia* (10), 1907, 295–367. As these
fragments suggest, there is a long-standing association between
cinders, hot coals, fire in general and the genitals. *Kryptadia*

suggests a connection between weak porridge and semen, which helps explain 'Dòmhnallan Dubh' (in this collection) and that perennial favourite 'Brochan Lom'.

'Dàin Eile XVII': Somhairle MacGill-Eain, *Dàin do Eimhir agus Dàin Eile* (Glaschu: MacLellan: 1943); Sorley Maclean / Somhairle MacGill-Eain, *Caoir Gheal Leumraich / White Leaping Flame: Collected Poems* (Edinburgh: Polygon, 2011), 49. Reprinted with the kind permission of the poet's family and Urras Shomhairle

'Nighean Nochd': Sorley Maclean / Somhairle MacGill-Eain, *Caoir Gheal Leumraich / White Leaping Flame: Collected Poems* (Edinburgh: Polygon, 2011), 423. Reprinted with the kind permission of the poet's family and Urras Shomhairle

Bho 'Aoir an Luchd-Riaghlaidh': Donald MacIntyre, *Sporan Dhòmhnaill*, ed. Somerled MacMillan (Edinburgh: Scottish Gaelic Texts Society, 1968), 273; see Black (ed) *An Tuil* (Edinburgh: Birlinn, 1999), 190.

Bho 'Aoir Mhussolìnidh': Text: Donald MacIntyre, *Sporan Dhòmhnaill*, ed. Somerled MacMillan (Edinburgh: Scottish Gaelic Texts Society, 1968), 265.

'Madainn Earraich' and *Bho* 'Mas e Ghàidhlig an cànan': Iain Crichton Mac a' Ghobhainn, *Eadar Fealla-Dha Is Glaschu* (Glasgow: Oilthigh Ghlaschu, Roinn nan Cànan Ceilteach, 1974), 42, 11–3.

'Flùr an Fhàsaich': Text: *Gairm* 97 (1 Dec, 1976): 29–30.

'A' Chìs': Màiri Nic Gumaraid, *Eadar Mi 's a' Bhreug* (Dublin: Coiscéim, 1988), 32.

'Cha laigh mo cheann': Meg Bateman, *Òrain Ghaoil* (Baile Atha Chliath: Coiscéim, 1990), 62. Reprinted with the kind permission of the author

'Ùirsgeul III' and 'Ùirsgeul VI': Crìsdean Whyte, *Ùirsgeul* (Glaschu: Gairm, 1991), 20–3, 26–9. Reprinted with the kind permission of the author

'A-Màireach' and 'Caingeal' (1994): Previously unpublished; included with the kind permission of the author

'Annas Mòr': Rody Gorman, *Fax and other poems* (Edinburgh: Polygon, 1996), 18–9. Reprinted with the kind permission of the author

'Streang' (1998): Previously unpublished; included with the kind permission of the author

'Rodeo': Rody Gorman, *Air a' Charbad fo Thalamh* (Edinburgh: Polygon, 1999). Reprinted with the kind permission of the author

'Comhairle' (2000): Previously unpublished; included with the kind permission of the author

'laoidh an donais òig': Aonghas MacNeacail, *laoidh an donais òig / hymn to a young demon* (Edinburgh: Polygon, 2007), 26–9. Reprinted with the kind permission of the author

'Mura b' e': Meg Bateman, *Soirbheas* (Edinburgh: Polygon, 2007), 104–5. Reprinted with the kind permission of the author

'Bhruadair mi leat a-raoir': Niall O'Gallagher, *Beatha Ùr* (Inbhir Nis: Clàr, 2013), 17. Reprinted with the kind permission of the author

'Rùisgte' and 'Caithris na h-Oidhche': Marcus Mac an Tuairneir, *Deò* (Uachdar Thìre mu Chraoibh: Grace Note, 2013), 30–3, 38–9. Reprinted with the kind permission of the author

'Dealbh-Còmhdaich CD OP 30409 le Denis Rouvre': Previously unpublished, included with the kind permission of the author

'Togail', 'Mart Loch nam Madadh', 'Gràdh: Previously unpublished, included with the kind permission of the author

'a' cur ainm eile air pòg': Previously unpublished, included with the kind permission of the author

'Saoil a-nist, a Mhòr': Oral tradition

Clàr-amais nam Bàrd

Index of Poets

Clàr-amais nan Tiotalan

Index of Poems

Some other books published by **LUATH** PRESS

The Merry Muses of Caledonia

Robert Burns

ISBN: 978-1-906307-68-4 HBK £15.00

 Lusty in language and subject matter, this is Burns unabashed. Labelled in the 19th century as 'not for maids, ministers, or striplings', *The Merry Muses* still has the power to shock and titillate the modern reader. This special edition in celebration of the 250th anniversary of the birth of the bawdy bard is enticingly illustrated by Bob Dewar.

The Souls of the Dead are Taking all the Best Seats: 50 World Poets on War

Angus Calder, Beth Junor

ISBN: 978-1842820-32-2 PBK £7.99

 Good war poetry breaks silence, restoring voice to those who have experienced horrors that lie beyond the language of everyday discourse. From the clash of steel to the rumble of tanks, the sights and sounds of war have inspired poets of every nation since conflict was invented. In this timely new anthology, respected poet and historian Angus Calder and anti-war activist Beth Junor have drawn together a representation of war poetry from nations and cultures across the globe. Shared experience and powerful imagery combine to give this collection of poems an immediacy and poignancy that illustrate both the horror and the humanity that are distilled by the events that humankind calls war.

100 Favourite Scottish Poems

ed. Stewart Conn
ISBN: 978-1-905222-61-2 PBK £7.99

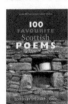

"Scotland has a long history of producing outstanding poetry. From the humblest but-and-ben to the grandest castle, the nation has a great tradition of celebration and commemoration through poetry.

100 Favourite Scottish Poems – incorporating the nation's best-loved poems as selected in a BBC Radio Scotland listeners' poll – ranges from the ballads to Burns, from 'Proud Maisie' to 'The Queen of Sheba', and from 'Cuddle Doon' to 'he Jeelie Piece Song'.

Edited by Stewart Conn, poet and first recipient of the Institute of Contemporary Scotland's Iain Chrichton Smith Award for services to literature (2006).

Both wit and wisdom, and that fusion of the two which can touch the heart as well as the mind, distinguishes the work selected by Stewart Conn for his anthology 100 Favourite Scottish Poems (Luath *Press and Scottish Poetry Library, £7.99). This lovely little book ranges from Dunbar to Douglas Dunn, taking in just about all the major and most of the minor Scottish poets of the centuries by means of their most memorable writing.*
THE SCOTSMAN

100 Favourite Scottish Love Poems

ed. Stewart Conn
ISBN: 978-1-906307-66-0 PBK £7.99

Embracing love reciprocated and love unrequited, this selection ranges from irrepressible optimism to longing and loss; from lovers' abandon to parental affection. There are poems for every lover and loved one to savour and share, and to touch the heart – but leaving plenty room for humour and a whiff of sour grapes.

Stewart Conn mines Scotland's rich seam of love poetry in its different tongues – from traditional ballads, Burns and Scott to MacCaig, Maclean, Morgan and the vitality of Liz Lochhead and Jackie Kay; from 'Barbara Allan', 'the Blythsome Bridal' and 'Lassie Lie Near Me' to 'Hot Chick', 'Yeah Yeah Yeah' and 'Out with my Loves on a Windy Day'.

Featuring poems of first love, yearning for love, love in absence and eternal love, this vibrant selection spans the centuries from traditional verse to contemporary poetry in Gaelic, Scots and English.
THE SCOTS MAGAZINE

Details of these and other books published by Luath Press can be found at: **www.luath.co.uk**

Luath Press Limited
committed to publishing well written books worth reading

LUATH PRESS takes its name from Robert Burns, whose little collie Luath (*Gael* swift or nimble) tripped up Jean Armour at a wedding and gave him the chance t speak to the woman who was to be his wife and the abiding love of his life.
Burns called one of 'The Twa Dogs' Luath after Cuchullin's hunting dog in Ossian's *Fingal*. Luath Press was established in 1981 in the heart of Burns country, and now resides a few steps up the road from Burns' first lodgings on Edinburgh's Royal Mile.
Luath offers you distinctive writing with a hint of unexpected pleasures.

Most bookshops in the UK, the US, Canada, Australia, New Zealand and parts of Europe either carry our books in stock or can order them for you. To order direct from us, please send a £sterling cheque, postal order, international money order or your credit card details (number, address of cardholder and expiry date) to us at the address below. Please add post and packing as follows: UK – £1.00 per delivery address; overseas surface mail – £2.50 per delivery address; overseas airmail – £3.50 for the first book to each delivery address, plus £1.00 for each additional book by airmail to the same address. If your order is a gift, we will happil enclose your card or message at no extra charge.

Luath Press Limited
543/2 Castlehill
The Royal Mile
Edinburgh EH1 2ND
Scotland

Telephone: 0131 225 4326 (24 hours)
email: sales@luath.co.uk
Website: www.luath.co.uk